李凤阳 著

汉朝知识

中国文联出版社

图书在版编目（CIP）数据

唐朝冷知识/李凤阳著.--北京：中国文联出版社，2025.4.--ISBN 978-7-5190-5669-8

Ⅰ.K242.09

中国国家版本馆CIP数据核字第2024ZT0017号

唐朝冷知识

著　　者：李凤阳
责任编辑：张超琪　于晓颖　黄雪彬
责任校对：秀点校对
封面设计：武　艺
版式设计：高　洁
出版发行：中国文联出版社有限公司
社　　址：北京市朝阳区农展馆南里10号　邮编：100125
网　　址：http://www.clapnet.cn
电　　话：010-85923058（编辑部）　010-85923025（发行部）
经　　销：全国新华书店等
印　　刷：廊坊佰利得印刷有限公司

开　　本：787毫米×1092毫米　　　1/32
印　　张：12.25
字　　数：160千字
版　　次：2025年4月第1版
　　　　　2025年4月第1次印刷
书　　号：ISBN 978-7-5190-5669-8
定　　价：58.00元

版权所有　侵权必究
如有印装质量问题，请与本社发行部联系调换

目录

CONTENTS

大唐开国·高祖

李渊是地道长安人……………… 003
武松打的虎为什么叫"大虫"？… 005
唐高祖和隋炀帝是"姨表亲"？… 006
李渊才是起兵的策划者？………… 007
秦琼和尉迟敬德为何会成为
　门神？…………………………… 008
秦琼的"升咖"之路……………… 009
程咬金使用的是板斧吗？………… 010
历史上有李元霸这个人吗？……… 011
宇文成都不存在？………………… 012
罗士信是大力士吗？……………… 013
瓦岗军为什么能够崛起？………… 014
"翟让之死"真相………………… 015

李渊为何不攻打潼关？…………… 016
隋唐粮仓有多大？………………… 017
李密为什么不占关中？…………… 018
谁对李唐威胁最大？……………… 019
瓦岗军为何会失败？……………… 020
王世充为何能占据中原？………… 021
虎牢关之战李世民为何能
　以一敌二？……………………… 022
单雄信为何不投靠李渊？………… 023
一次冤屈的救援…………………… 024
河北为何造反？…………………… 025
李渊为何不第一时间进军中原？… 026
坐拥40万军队的梁国为何迅速
　灭亡？…………………………… 027
罗艺与罗成谁是真的？…………… 028

· 001 ·

罗艺为何会造反？……………029
托塔李天王是谁？……………030
李勣到底改了几次名字？……031
虞世南除了是书法家，更是功臣…032
李世民能成功靠秦王府十八学士，
　十八学士都有谁？……………033
唐朝的三省六部制有什么用？……034
科举制是从什么时候开始的呢？…035
太极宫用了几朝建成？………036
唐朝的皇城是皇宫吗？………037
"天街小雨润如酥"的天街
　是哪里？………………………038
东、西两市是干什么的？……039
里坊为何是108坊？……………040
唐朝晚上不能出来溜达？……041
朱雀大街有多宽？……………042
敦煌只相当于长安的百分之一？…043
唐长安城和汉长安城是一座
　城市吗？………………………044
未央宫和昆明池为何还在唐朝
　使用着？………………………045
唐代的天坛在哪里？…………046

唐朝第一位诗人………………047
唐朝蓄养奴隶很常见？………048

贞观之治·太宗

玄武门之变真相如何？………051
玄武门在哪里？………………052
李建成是一个没有本事的人吗？…053
建成和元吉有后代吗？………054
囚禁李渊的太安宫在哪里？…055
李渊为何不爱去九成宫？……056
太上皇李渊和唐太宗李世民的关系
　何时缓和的？…………………057
李世民有多少兄弟？…………058
最尊贵的世家大族……………060
陪伴唐太宗的六匹骏马………061
"飒露紫"和"拳毛䯄"为何
　在美国？………………………063
唐太宗是如何击败强敌突厥的？…064
唐朝为什么不修长城？………065
唐太宗征伐高句丽为什么
　也失败了？……………………066

唐朝为何编《姓氏录》《氏族志》？… 067
长孙皇后和长孙家族为何

　不干预朝政？…………… 068
长孙皇后保护过魏徵？………… 070
有了"房谋杜断"，唐太宗为何

　还重用魏徵？…………… 071
凌烟阁二十四功臣都有谁？… 073
凌烟阁的增补画像……………… 074
唐太宗不如隋炀帝？…………… 075
唐太宗为何不去封禅泰山？… 076
唐太宗靠什么能达成贞观之治？… 077
唐朝的年号、庙号、谥号有什么

　特点？…………………… 078
《贞观政要》为何写在唐玄宗

　时期？…………………… 079
"天可汗"是什么意思？……… 080
文成公主入藏是一次技术扩散？… 081
唐太宗如何对付突厥的来犯？… 082
跨越三朝的欧阳询……………… 083
九成宫那么远，皇帝们为何

　爱去？…………………… 084
《九成宫醴泉铭》成碑始末 ……… 085

阎立本为何要创作《步辇图》？ 086
阎立本为什么能够成为一代

　画宗？…………………… 087
《历代帝王图》有多少个皇帝？… 088
玄奘取经究竟取了多少年？… 089
玄奘回长安，受到什么礼遇？… 090
孙悟空的唐朝原型是谁？……… 091
沙僧的原型是沙漠？…………… 092
高昌国国王是《西游记》里

　唐太宗的原型？………… 093
玄奘东归又经历了什么？……… 094
《西游记》里的唐朝什么样？… 095
唐太宗与玄奘关系并不密切……… 096
译经团队里下场最凄惨的人……… 097
永远陪在玄奘身边的是哪两位

　徒弟？…………………… 098
玄奘为何没有圆寂在大慈恩寺？… 099
慧能为何被称为六祖？………… 101
神秀的禅宗究竟怎么样？……… 102
唐太宗在大明宫里办公吗？……… 103

二圣并立·高宗武后

李承乾为何是李世民最看重的
　　皇子？……………………… 107
李泰编《括地志》有政治目的？… 108
李治为什么赢？……………… 109
永徽之治为何有贞观遗风？……… 110
"观世音菩萨"为何改叫
　　"观音菩萨"？…………… 111
武则天家庭怎么样？……………… 112
武则天为何要去感业寺出家？…… 113
为何说"废王立武"事件不亚于
　　"玄武门之变"？…………… 114
李唐皇族有什么样的家族病？…… 115
天皇与天后源于中国？…………… 116
武则天为什么能够参与朝政？…… 117
有了太极宫，为何还要建
　　大明宫？…………………… 119
"千官之宫"……………………… 120
含元殿是举办什么仪式的？……… 121
宣政殿多少天一上朝？…………… 122
史上最大国宴厅………………… 123

拥有黑科技的含凉殿……………… 124
高宗朝一大冤案………………… 125
官职最高的书法家……………… 126
唐高宗为何敢封禅？……………… 127
唐代版图何时最大？……………… 128
隋唐皇帝为何一定要征服
　　高句丽？…………………… 129
《唐大秦景教流行中国碑》为何
　　禁止出国？………………… 130
长安为何会成为佛教中心？……… 132
龙门石窟有哪些属于唐朝？……… 133
卢舍那大佛长着武则天的脸吗？… 134
武则天最重视的经书……………… 135
洛阳为何被称为东都、神都？…… 136
身在洛阳，唐高宗为何念念不忘
　　长安？……………………… 137
铜匦有什么用？………………… 138
武则天为什么要杀上官婉儿的
　　爷爷？……………………… 139
狄仁杰为何成"神探"？………… 140
中日史上第一场战争……………… 141
武则天有几个孩子？……………… 142

武则天为何能废掉唐中宗? ……143
武则天时期的酷吏政治什么样? …144
武则天如何改革科举制? ………145
房玄龄的儿子为何要造反? ……146
李勣的孙子为何反对武则天? ……147
骆宾王骂武则天,为何还被武则天
　点赞? ……………………148
为何说王勃是"初唐四杰"
　第一神童? ………………149
陈子昂为何要写《登幽州台歌》? …150
中国历史上唯一的女皇帝…………151
来自薛怀义的助力………………153
神龙政变……………………155
为何说唐中宗李显和唐睿宗李旦
　是"回锅肉"皇帝? ………157
李重俊为何发动兵变? …………158
唐中宗时期为何会出现三千宫女
　大逃亡? …………………159
上官婉儿到底嫁给了谁? ………160
小雁塔缘何而建? ………………161
太平公主的房产…………………162
"请君入瓮"是怎么来的? ……163

孙思邈为何被称为"药王"? ……164
"烧尾宴"都有什么菜? …………165
唐中宗身故之谜……………………169
为何说韦家和杜家是长安大族? …171
为什么唐中宗总是惯着安乐
　公主? ……………………172
"唐隆政变"是第几次玄武门
　之变? ……………………173

开元盛世·玄宗

李隆基为何一定要杀掉太平
　公主? ……………………177
"先天政变"后,唐玄宗为何搬到
　大明宫? …………………178
姚崇十策都有什么? ……………179
姚崇在开元时代为何只做了
　四年宰相? ………………181
宋璟对开元之治有什么贡献? ……182
李隆基为何不喜欢奶奶武则天? …183
武则天的孙子为何可以预报
　天气? ……………………184

李隆基为何废掉第一任皇后？……185
武惠妃为何当不了皇后？………186
唐玄宗为何一日杀了三位皇子？…187
唐玄宗与太子关系为何紧张？……188
写江苏镇江的《次北固山下》一诗
　为何会被宰相张贴在政事堂？…189
唐朝为何第二次封禅？…………190
"泰山""岳父"称呼的由来………191
为何说张九龄是开元时代"最后
　一位贤相"？………………192
贺知章"少小离家老大回"回的
　是哪里？……………………193
开元之治与开元盛世有什么
　区别？………………………194
唐朝货币不采用白银……………195
开元通宝是唐玄宗开元时代的
　钱吗？………………………196
在唐朝，胡椒为何也是硬通货？…197
唐朝经济什么时候才追上隋朝？…198
唐朝人怎么吃面？………………199
唐朝人炒菜吗？…………………200
唐朝人主要喝什么酒？…………201

唐朝人也喝葡萄酒吗？…………202
唐朝人不泡茶，那怎么喝茶？……203
陆羽为何叫茶圣？………………204
唐朝男人也是香香的……………205
在唐朝公款吃喝是合法的？……206
唐代陪酒女是一种合法职业？…207
唐朝的女道士是一个非常香艳的
　代名词………………………208
很多乐器是唐朝时引进的？……209
唐朝卖腐烂变质的食物犯法？…210
在唐朝见到官员为何不能称呼
　"大人"？……………………211
中国历史上第一个五世同堂的
　皇帝是谁？…………………212
唐玄宗时期的民族和外交
　怎么样？……………………213
唐玄宗的第三"大内"…………214
曲江池是皇家园林还是百姓
　公园？………………………216
唐朝官方会发护肤品？…………217
为何说元宵节才是唐人过年的
　高潮？………………………218

从儿媳变成宠妃的杨玉环……219
杨贵妃为何没有后代？……221
华清池能吃到荔枝吗？……222
杨国忠和杨贵妃是亲兄妹吗？……223
杨氏五家富贵到什么程度？……224
杨贵妃与唐玄宗也会闹矛盾？……225
杜甫讽刺过杨贵妃家族？……226
《虢国夫人游春图》讲了什么
　故事？……227
李白唯一真迹究竟写了什么？……228
李白在长安做了什么官？……230
李白为什么说崔颢的《黄鹤楼》
　写得比他好？……231
一行大师为何爱天文？……232
杜甫在长安十年也没发达……233
杜甫的《饮中八仙歌》是指
　哪八仙？……235
杜甫的《闻官军收河南河北》
　反映的是什么事情？……236
为什么杜甫的诗也有盛唐气象？…237
杜甫对李白有多崇拜？……238
杜甫最高产的几年……239

阿倍仲麻吕和王维关系如何？……240
阿倍仲麻吕和李白关系如何？……241
鉴真为什么要东渡日本？……242
日本人吃生鱼片是唐朝传
　过去的？……243
地藏王菩萨的原型是韩国人？……244
哪场战争传播了造纸术？……245
李唐皇族有鲜卑血统，所以更加
　开放包容？……246
唐朝公主的开放婚姻……247
王维《九月九日忆山东兄弟》
　怀念的兄弟都有谁？……248
"吃得开"的王维……249
王维在安禄山那里任伪职，长安
　光复后为何没有判死刑？……250
孟浩然怎么得罪了唐玄宗？……251
为何称王昌龄是"七绝圣手"？253
"更上一层楼"的"鹳雀楼"在今天
　哪里？……254
岑参一生都在边塞吗？……255
诗人韦应物早年会武术？……256
唐玄宗开元二十四年（736）后

为何不再去洛阳了？…… 257
李龟年为何出名？…… 258
公孙大娘为何出名？…… 259
吴道子的画有什么特点？…… 260
唐玄宗为何重用"口蜜腹剑"的
　李林甫？…… 261
安禄山为何怕李林甫？…… 262
李林甫死了，唐玄宗为何又用
　杨国忠？…… 263
安禄山有300斤？…… 264
"巨婴"安禄山 …… 265

安史之乱·肃宗代宗

安史之乱为何会发生？…… 269
唐玄宗为何不相信安禄山
　会造反？…… 270
安庆绪为何杀亲爹安禄山？…… 271
为何说史思明才是安史之乱
　第一悍将？…… 272
史朝义为何杀亲爹史思明？…… 273
潼关在唐朝为什么重要？…… 274

唐玄宗为何逃到马嵬坡？…… 275
唐玄宗为何一定要处死杨贵妃？ 276
杨贵妃逃到日本了吗？…… 277
唐朝最多时有几个都城？…… 278
唐玄宗的儿子们在安史之乱
　表现如何？…… 279
永王璘为何造反？…… 280
李白为何站错队？…… 281
杜甫得到正式官职却为何又离开
　权力中心？…… 282
安史之乱双方谁更乱？…… 283
唐朝的军队是外国军团？…… 284
太子李亨为何不跟唐玄宗去四川？ 285
太子李亨为何另立中央？…… 286
唐玄宗重新回到长安后受到
　欢迎吗？…… 287
唐玄宗为何死在太极宫？…… 288
历史上存在沈珍珠这个人吗？…… 289
张巡版的"草船借箭"是
　什么样？…… 290
颜真卿有哪三张面孔？…… 291
颜真卿为何写《多宝塔碑》？…… 292

颜真卿《颜氏家庙碑》和《颜勤礼碑》
纪念的都是谁？………… 293
写出《枫桥夜泊》的张继是
苏州人吗？………… 294
长安出生的张志和为何写出吴地
吴歌《渔歌子》？………… 295
为何说唐朝赢了，安史之乱却是画不上
句号的胜利？………… 296

百年中唐·德宗顺宗宪宗穆宗敬宗文宗武宗宣宗

唐朝为何会形成藩镇割据？……… 299
唐玄宗时期有多少个节度使？…… 300
河朔三镇是指哪里？………… 301
大运河在唐朝发挥了什么作用？… 302
唐朝的宦官毒瘤从何时开始？…… 303
高力士不姓高？………… 304
为何说唐朝宦官远超东汉、明朝
两代的宦官、太监？………… 305
德宗时期的"泾原兵变"是
怎么回事？………… 306

"五言长城"刘长卿传世名作
是七言？………… 307
卢纶的《塞下曲》组诗诞生记…… 308
因一首《寒食》而被皇帝赏识的
诗人………… 309
顺宗李诵躺着即位？………… 310
柳宗元和刘禹锡因何双双
被贬？………… 311
《簪花仕女图》画的是什么时候
的事？………… 312
韩滉的《五牛图》画的是什么
时候的牛？………… 313
唐宪宗李纯为何能达成
"元和中兴"？………… 314
唐朝最后一次迎奉佛骨是什么
时候？………… 315
韩愈为何硬刚唐宪宗？………… 316
韩愈为何写《马说》？………… 317
韩愈为何写《师说》？………… 318
韩愈的《早春呈水部张十八员外》
一诗写给谁？………… 319
唐朝为何形成"牛李党争"？…… 320

写《悯农》的李绅与韩愈为何有矛盾? 321
韩愈、柳宗元为何掀起古文运动? 322
白居易为何要写《长恨歌》? 323
《琵琶行》的来龙去脉 324
仗义执言的白居易 325
白居易的铁杆粉丝 326
《莺莺传》是元稹自身的经历吗? 327
《李娃传》中李娃住的平康坊是长安红灯区? 328
为何唐代文人都爱登乐游原? 329
李商隐的恩人 330
李益的《夜上受降城闻笛》写于什么时候? 331
柳宗元的《江雪》反映了什么心境? 332
刘禹锡晚年为何和白居易交好? 333
柳宗元和刘禹锡的患难真情 334
柳宗元离开长安为何再没回来? 335
刘禹锡的《陋室铭》写的是哪里? 336
武元衡遇刺案 337
写出《小儿垂钓》的胡令能是个隐士? 339
因韩愈改变的人生 340
《马诗》组诗二十三首 341
大明宫为何会发生"染工暴动事件"? 342
唐敬宗死于宦官之手? 343
"甘露之变"是怎么回事? 344
《开成石经》为何珍贵? 345
文宗李昂为何刊刻《开成石经》? 346
李唐皇室为何信道教? 347
乐山大佛是何时雕刻的? 348
大雁塔为何能在武宗灭佛时存留下来? 349
一场传奇偶遇 350
唐朝人温庭筠为何是后蜀《花间集》认定的"花间派"鼻祖? 351
女诗人鱼玄机是温庭筠的忘年交? 352

许浑为何要写《咸阳城东楼》一诗？ …… 353
《玄秘塔碑》为谁而写？ …… 354
柳公权曾被罚一季俸禄？ …… 355

晚唐风云·懿宗僖宗昭宗哀帝

唐朝灭亡为什么要算到唐懿宗头上？ …… 359
"击球赌三川" …… 360
私盐贩们拉起的起义大旗 …… 361
"满城尽带黄金甲"是黄巢的诗句？ …… 362
强悍的下属：灭了黄巢又灭唐朝 … 363

唐朝的首都居然被攻破7次？ …… 364
千古风水宝地——唐十八陵 …… 365
唐昭宗的葬身之地为何在洛阳？ … 366
哀帝李柷为何埋在菏泽，而不是洛阳或长安？ …… 367
"罗隐"改名记 …… 368
后唐为何以"唐"为国号？ …… 369
南唐和唐朝有联系吗？ …… 370
唐代的木建筑为何要到山西去看？ …… 371
到哪里找寻我们的大唐？ …… 372
唐人街的来历 …… 373
唐朝没有隋朝有钱？ …… 374
铁打的贵族，流水的政权 …… 375
唐朝市场比故宫还大？ …… 376

唐朝冷知识

大唐开国·高祖

李渊是地道长安人

李渊起兵时是隋朝太原留守,其实他根本不是太原人。

李渊公元566年出生在长安,祖父李虎是西魏八大柱国之一,北周代西魏之后,李虎被追封为唐国公。李渊的父亲李昞在李渊7岁的时候去世了,李渊袭爵,为唐国公。

李渊在566—581年生活在北周时代。北周实行府兵制,广纳汉人加入府兵,对汉人唯一的要求就是改为鲜卑姓。李渊的祖父李虎被赐大野氏,李虎就改为大野虎,李昞就叫大野昞,李渊自然就叫大野渊。杨坚581年建立隋朝取代北周,将汉姓改回,大野渊才改回成李渊。

李渊大半生都生活在北周和隋朝。隋文帝时代,李渊先后任过谯、陇、岐三州刺史。隋炀帝初年,他曾任荥阳、楼烦二郡太守。有了这些地方上的经历后,李渊回到长安就做了殿内少监、卫尉少卿。隋炀帝征伐高句丽时,李渊被安排到怀远镇做督运。杨玄感造反时,李渊又被隋炀帝安排到弘化郡镇守。隋炀帝大业十一年(615)到汾阳宫,又让李渊到山西、河东做防卫工作。因为射术精湛,作战勇敢,李渊在龙门击溃贼帅母端儿立下大功。

隋炀帝大业十二年（616），李渊被任命为右骁卫将军。第二年，由于颇受隋炀帝的信任，李渊被任命为太原留守，保护隋朝的大后方。李渊在太原留守的任上干了不到一年，在儿子李建成和李世民的支持下，决定在太原起兵，仅仅四个月就攻到长安，立代王杨侑为帝，遥尊远在江都的隋炀帝为太上皇。

李唐代隋，仍以长安为国都。李渊活了整整70岁（566—635），52岁才在太原起兵，其一生绝大多数时光都在长安度过，所以李渊可以说是正儿八经的长安人。

武松打的虎为什么叫"大虫"?

唐朝禁止食用鲤鱼,因为李姓是国姓,"鲤"和"李"字谐音。违反规定的人将被重打60大板。唐高祖李渊的祖父叫李虎,所以唐朝也避讳"虎"字。

由于唐宋之间只隔了50年,所以社会习俗也延续下来。唐人叫老虎为大虫,宋人也继续叫大虫,在《水浒传》里也就习惯叫老虎为大虫了。老虎当然和鲤鱼一样是不让吃的,不过一般也吃不着老虎,这就不算什么。最好玩的要数"马桶"这个词了。马桶在唐朝以前叫"虎子"。唐朝为了避讳李虎的名字,虎子就改叫"马子"。再到了后来,这物件又改叫马桶。如果李渊的祖父不叫李虎,说不定马桶在今天还会叫"虎桶"呢!

唐高祖和隋炀帝是"姨表亲"?

唐高祖李渊和隋炀帝杨广从母系亲戚关系上都与独孤信有关。独孤信有七个女儿,其中长女为北周明帝宇文毓的皇后,四女嫁给唐国公李昞,生了李渊,七女独孤伽罗嫁给了隋文帝杨坚。

所以论辈分,李渊的母亲和杨坚的媳妇是亲姊妹,杨坚是李渊的小姨父、七姨夫。李渊的母亲除了生下李渊,还育有梁王李澄、蜀王李湛、汉王李洪和同安长公主。独孤伽罗则育有杨勇、杨广、杨俊、杨秀和杨谅。

这么看,唐高祖李渊和隋炀帝杨广还是姨表兄弟,而且李渊(566年生人)比杨广(569年生人)大3岁,李渊是表哥,杨广是表弟。

李渊才是起兵的策划者？

武德九年（626）八月初九日，唐高祖李渊退位，李世民即皇帝位，年号贞观。李世民是个狠人，玄武门之变后，他掌握了话语权，甚至篡改史料，让人们以为李渊太原起兵是他的策划，让人们以为事变前是李建成、李元吉要加害于他。玄武门之变，他杀死建成、元吉，逼李渊退位，自己终于当上皇上。

史官不敢秉笔直书，只得规避事实真相。这才造成后来修成的《旧唐书》《新唐书》等史书因为缺乏足够多的原始资料，不能反映历史事实。然而，百密总有一疏，记录太原起兵的早期资料《大唐创业起居注》为我们透露了起兵乃李渊全程策划的真相。《大唐创业起居注》虽然篇幅不大，但是读这本起居注，我们可以了解太原起兵前后真相，知道李渊才是起兵的策划者，李世民只是执行者。

秦琼和尉迟敬德为何会成为门神？

秦琼和尉迟敬德成为门神这事跟《西游记》《隋唐演义》有一定关系。《西游记》里有一个泾河龙王梦中惊吓唐太宗的事情。唐太宗半夜苏醒，只叫"有鬼！有鬼！"为了让太宗睡得安稳，秦琼对太宗说："陛下宽心，今晚臣与敬德把守宫门，看有什么鬼祟。"就这样秦琼和尉迟敬德就"执金瓜钺斧，在宫门外把守"，果然这夜太宗睡得非常好。但太宗不忍二将辛苦，就吩咐画家将两人的样貌画出来，贴到门上，果然也十分有效。

明末清初的《隋唐演义》则继续了这一说法。《隋唐演义》也说"太宗忽然病起来""恍惚似有魔祟"，但只有"秦琼、尉迟恭来问安时，颇觉神清气爽，因命图二人之像于宫门以镇之"。我们不能忽视通俗小说的影响力，在有清一代，民间确实开始流行门神贴秦琼、尉迟敬德的习俗。至于唐朝嘛，人们是以神荼、郁垒为门神，还没有流行贴秦琼、尉迟敬德的画像。

秦琼的"升咖"之路

在唐太宗凌烟阁二十四功臣中，秦琼位列末流，是最后一名。秦琼在功臣中地位也不是很高，但为什么他在后世讲述隋唐的明清小说《隋唐演义》和《说唐》中会成为主角呢？

这是因为明清历史小说经常要塑造个体英雄，而秦琼个人经历时间跨度大，正适合树立典型。秦琼的父亲是北齐大臣，秦琼家族跨越北齐、北周、隋、唐，秦琼自己也经历了隋朝、瓦岗军、王世充、李唐等几任主子，大大小小战争无数，能够串起隋末唐初大部分历史故事。况且，秦琼居凌烟阁二十四功臣之末，容易被塑造成平民英雄，让后人有很大创作空间。

而反观尉迟敬德，在元朝以前，对尉迟敬德的记载和描摹比秦琼多得多，在元杂剧发展初期仍旧如此。但随着元朝统治者对境内汉人采取高压管理，老百姓苦不堪言，民族情绪高涨。尉迟敬德祖上是鲜卑之后，不是地地道道的汉人。汉人秦琼的地位开始被抬高，影响力渐渐超过尉迟敬德。而且历史上美良川之战，秦琼确实战胜了尉迟敬德，这也给了元杂剧的作者们抬高秦琼的底气。《隋唐演义》和《说唐》都是清代成书的隋唐小说，清朝和元朝一样都是少数民族建立的政权，尉迟敬德的形象塑造再次受到影响，秦琼地位超过尉迟敬德，成为小说主角也成了历史的必然。

程咬金使用的是板斧吗？

历史上的程咬金还真不是用板斧，而是用马槊。有关程咬金的主要史料《旧唐书·程知节传》前几句话就是："程知节，本名咬金，济州东阿人也。少骁勇，善用马槊。"马槊是重型骑兵武器，是汉末重骑兵崛起而流行起来的重型武器。秦汉时代主要是轻骑兵，因为没有马镫，无法在马上挥舞兵器作战。但是在魏晋南北朝时，随着马镫的普及，马上使用重器成为可能。马槊比矛、枪更重，而且有破甲棱，可以击破鱼鳞锁子甲、铁圜甲、明光铠，在重骑兵越来越盛行的魏晋南北朝和隋唐时代，更适合主流骑兵使用。

唐初史料经常提及马槊，秦琼使用马槊，李元吉使用马槊，尉迟敬德不仅使用马槊而且善于夺槊。至于板斧，那是《水浒传》中李逵的专属，有草根气、江湖气，《隋唐演义》《说唐》为了把程咬金的性格改成李逵那样，才给他设置成板斧。

历史上有李元霸这个人吗？

小说《说唐》里有个李元霸，是李渊第四子，位居隋唐十八条好汉之首，是金翅大鹏鸟转世，虽然面如病鬼，骨瘦如柴，却有万钧之力。他使的一对铁锤，重800斤，两锤打死隋唐第二条好汉宇文成都，战斗力极其强悍。然而，就是这样一员猛将，遍查史料却查无此人，倒是查到一位名字相似的人物叫李玄霸。

《旧唐书·李玄霸传》记载："卫王玄霸，高祖第三子也。早薨无子。武德元年，追赠卫王，谥曰怀。"可见这个李玄霸是唐高祖李渊的第三子，不是第四子。由于"早薨"，李玄霸并没有什么特别的事情记载。也正因为历史上李玄霸的史料不多，才给文学创作留下可以想象的空间，使得"易名"之后的李元霸极具传奇魅力。

宇文成都不存在？

宇文成都是《说唐》创造出来的人物。在《说唐》《兴唐传》和《瓦岗英雄》中，宇文成都是宇文化及的儿子，是隋朝天宝将军，武功仅次于天下第一的李元霸，位列隋唐十八条好汉的第二名。然而，在真实历史中却并没有这么一个人物。

历史上，宇文化及有两个儿子——宇文承基和宇文承趾，但是无论是宇文承基，还是宇文承趾，史料记载都很少。比较明确的是宇文承基和宇文承趾因为宇文化及与隋炀帝的关系而被破格任命为禁卫军将领。宇文化及自称许国皇帝后，宇文承基被封为太子，但许国最终被灭，宇文承基、宇文承趾也同父亲宇文化及一道被斩首。

罗士信是大力士吗?

历史上的罗士信年纪轻轻就初上战场。山东王簿长白山起义,罗士信在隋朝名将张须陀帐下做随从。当时张须陀要进攻王簿,罗士信刚刚14岁,请求上阵。但张须陀笑嘻嘻地对罗士信说:"你的样子可能战衣铠甲都穿不上,怎么能入阵杀敌嘛!"听闻此言,罗士信一下穿了两层铠甲,带上左右两套弓箭就上马作战了。

张须陀给他鼓劲,没想到双方军阵刚刚列好,罗士信就飞马杀敌,刺倒数人,把一个人的头斩下来,挂在枪上,极大地震慑了敌人,敌军大溃。14岁能穿双重战甲还能飞马杀敌,可见罗士信的力气是不小的。张须陀特别欣赏这员战将。虽然罗士信此后三易其主,先后跟从李密、王世充、李渊,但其勇猛都是公认的。

瓦岗军为什么能够崛起？

瓦岗军能够崛起主要还是因为李密的加入。李密加入瓦岗军之前，翟让组织的1万人的瓦岗军只是乌合之众，是很普通的山野盗贼。

李密是贵族出身，祖父李耀曾是北周邢国公，父亲李宽是北周、隋朝的上柱国、蒲山郡公，李密本人也足智多谋。李密来到瓦岗军后，先给翟让出了一个拿下荥阳城的主意，果然李密用林间设伏的方法一举斩杀张须陀。瓦岗军完美拿下荥阳，翟让更加相信李密。紧接着李密又向翟让献出攻占兴洛仓的计策。翟让采纳李密的计策，两人率领精兵7000人，"出阳城，北逾方山，自罗口袭兴洛仓"，取得大胜，拿下兴洛仓。瓦岗军将兴洛仓的粮食给广大军民发放，四周义军百姓纷纷投靠，瓦岗军迅速崛起，成为隋末最强悍的军队。

"翟让之死"真相

"翟让之死"是瓦岗军内部的一次严重火并。攻下兴洛仓，翟让将瓦岗军一把手的位置让给李密。李密从此做了魏公，而翟让做了司徒。但是翟让部下非常不甘，部下王儒信劝翟让做大冢宰总领众务，夺回李密的权力。翟让的兄长翟宽则私下对翟让说："天子只可以自己做，怎么能让给别人？你若不能做，我来做。"这些被李密知道了，李密策划了一次瓦岗版的"鸿门宴"。

有一次战斗，李密、翟让击败了王世充，第二天翟让去李密行营赴宴。李密准备了丰盛的美食，但让翟让的手下分开到别的营帐就食，翟让还没有感觉出异样。李密引翟让入座，拿出一把弓给翟让看，还让翟让试着拉拉这把弓。只见翟让使出力气拉起大弓后，李密事先安排好的壮士蔡建德从翟让身后砍杀过来，翟让不知情下当场毙命。翟宽和王儒信也被杀，翟让的随从徐世勣（李勣）被乱兵砍中、差点被杀，单雄信则向李密叩头求饶。李密饶过了其他人，率数百人来到翟让的行营，当场宣布了杀翟让的理由，众人都被李密震慑住了。翟让的部众也分别被徐世勣、单雄信和王伯当分掉，翟李之争以翟让被杀而告终。

李渊为何不攻打潼关？

这跟当时李渊所在的地理位置有关。李渊在太原起兵，战略上要占据关中。由于不是从东往西攻，而是从北往南攻，所以李渊选择直接跨越黄河绕过潼关进入关中。

由于隋军驻守河东的屈突通并不擅长进攻，李渊派遣李建成、李世民和裴寂围困河东郡后，没有选择强攻，而是围而不打。同时，李渊联系河对岸的强盗孙华接应渡河。李渊主力渡过黄河后，冯翊太守萧造、华阴县令李孝常相继投靠李渊，离潼关不远的隋朝粮仓永丰仓也落入李渊手里。李渊派刘文静等人回头把守潼关，自己则以李世民、李建成为先锋迅速攻进长安城。

隋唐粮仓有多大？

隋唐时代粮食是比较富足的，隋文帝、隋炀帝、唐玄宗时期尤为突出，有很多国家大粮仓：黎阳仓、河阳仓、常平仓、广通仓、含嘉仓、洛口仓、回洛仓等。瓦岗军起初只是普通的起义军，但是在李密的策划和指挥下，瓦岗军成功拿下洛口仓。翟让、李密将洛口仓的粮食分给老百姓，没想到投靠者无数，瓦岗军人数迅速扩大，成为隋末劲旅。

那么隋唐的国家粮仓储粮有多少呢？在隋唐洛阳城紫微宫的东侧有一个含嘉仓，这个遗址在20世纪60年代末被发现。含嘉仓中最大的仓窖口径达18米，最深达12米。160号窖保存有约50万斤炭化的谷物。而据推测，仓窖有400多座，储量之大，难以想象。

李密为什么不占关中？

李密做了瓦岗军的首领后，柴孝和极力劝说瓦岗军应当先拿下关中："关中以高山为屏障，以黄河为天堑，项羽离开此地就灭亡了，刘邦在这里建都就成功了。照我的想法，让裴仁基镇守回洛仓，翟让镇守洛口仓，您亲自挑选一支精锐队伍，向西突袭长安，百姓谁不到郊外来迎接？定会不用打仗就到手了。攻克西京之后，等根基牢固兵马强壮，再回头径直攻打东西崤山和函谷关，攻克东都洛阳，传递文书发令调遣，天下可以平定。只是如今英雄豪杰争先恐后地起兵，实在担心别人抢在我们前头，一旦错失机会，后悔哪里还来得及！"

对柴孝和的建议，李密却说："您这个方略，我也想过很久了，实在是个上策。但是炀帝还在，追随他的军队还很多，我的队伍，都是山东人，既然知道还没有攻克洛阳，哪里愿意跟着我向西进关？各位部将都出身于绿林好汉，把他们留下会各自称王称霸。如果这样，就全完了！"

李密的话不无道理，瓦岗军本来就是诸多关东势力的杂合体，李密对各部的控制力基本是靠个人威望，还得靠谶语符命加持。要远离粮仓打关中，估计队伍走到半路上就散了。李密做了瓦岗军首领，却选择留在中原作战，关中随后被李渊占据。

谁对李唐威胁最大？

陇西的薛举、薛仁杲和山西的刘武周、宋金刚是李渊最大的威胁，李渊在关中站稳脚跟后，对待他们基本采用远交近攻的策略。对李轨和薛举，李渊采用主动出击，而对刘武周，则是被动防守。

武德元年至二年（618—619）间，李世民率唐军打败薛举、薛仁杲，又用反间计俘虏了李轨。李唐政权解除了西边的威胁，但东边的威胁却依旧存在。太原是李唐的"龙兴之地"，唐武德二年（619）三月，刘武周接受宋金刚"入图晋阳（今山西太原），南向以争天下"的建议，率兵南侵，四月，袭破榆次（今山西榆次），五月，攻陷平遥，六月，占领介州（今山西介休），势如破竹，一路打到太原城下。李元吉在刘武周的强烈进攻下弃太原城而逃，这让李渊震惊不已。李渊赶紧派出李世民，李世民也不负众望，于十一月最终摆平刘武周、宋金刚。

瓦岗军为何会失败？

主要还是李密犯了战略错误。

一是李密没有采用柴孝和的建议，没有第一时间占据关中。二是非要和宇文化及硬碰硬。宇文化及杀死隋炀帝后，军队的目标就是回到关中，并没有其他的政治目的。而此时李密正与王世充争霸中原、洛阳，虽然此前李密屡胜王世充，但王世充实力犹存。宇文化及虽然北指黎阳，但李密只需守住黎阳仓就好，根本没必要与之硬战，完全可以"祸水"东引，比如引向王世充，自己坐山观虎斗，毕竟宇文化及杀死了隋炀帝，与隋朝官军有仇。结果李密战略上形势判断失误，非要消灭宇文化及部，虽然打败了宇文化及部，但是李密自己也被流矢射中，瓦岗军实力也受到了影响。三是王世充老谋深算。李密与宇文化及的童山之战，王世充坐山观虎斗，等到瓦岗军实力大量消耗后，再与李密决斗。结果瓦岗军的兴洛仓守将邴元真投降，李密又守不住洛口，瓦岗军全线崩溃，李密与王世充的中原争霸战以王世充的胜利而结束。

王世充为何能占据中原？

王世充起初是隋朝大将，受命在洛阳附近讨伐瓦岗军。王世充和瓦岗军在洛阳的争夺是十分激烈的，与李密在洛阳争夺得也很激烈，频繁交战。后来瓦岗军在与宇文化及的火并中损失很大，王世充借机击败瓦岗军占据了中原。瓦岗军解体，李密的很多手下如秦琼、程咬金、单雄信等来到王世充阵营，王世充竟然做起皇帝来。"得中原者得天下"，不仅河北的窦建德与王世充要争夺中原，而且李唐要想统一天下必须要击败王世充。李世民的出击让两大强敌竟然联合起来！虎牢关大战，李世民击败窦建德和王世充，占据中原与河北，基本上统一了大部分江山。

虎牢关之战李世民为何能以一敌二？

在虎牢关大战之前，李世民与王世充曾在洛阳有过大战，但几个回合下来，失败的都是王世充。王世充选择据城自守，不再主动出击李世民，同时向河北窦建德求援。窦建德分析形势，决定救援王世充，便从河北赶往洛阳。李世民得知窦建德来援，赶紧令齐王李元吉继续围住洛阳城，自己则带3500精骑赶往虎牢关。窦建德的10万军队被阻虎牢关，李世民亲自骑马引诱窦建德追兵到伏击圈内，窦建德全军追击，部队连绵20里。但是从早晨到中午，窦建德军队排列战阵，士兵们饥饿疲惫。窦建德正在上朝，唐军骑兵忽然冲杀过来，窦建德和军队慌乱不堪。李世民、史大奈、程咬金、秦琼冲入敌阵，窦军迅速崩溃。窦建德被长枪刺中，被唐军俘虏，唐军大胜。在城内得知窦军失败消息的王世充手足无措，最后只得开城投降。

单雄信为何不投靠李渊？

单雄信不投靠李渊，主要是因为单雄信与李世民的恩怨。翟让亡命瓦岗，单雄信与徐世勣投奔翟让，算是瓦岗军的元老。李密杀死翟让，单雄信向李密跪地求饶，李密饶过了徐世勣、单雄信人等，并让他们分统翟让部众。王世充打败李密，进围偃师，单雄信投降。虽然徐世勣、秦琼、程咬金相继投奔李唐，但单雄信始终在王世充帐下，充任大将军。武德三年（620），李世民攻打洛阳王世充，单雄信率军出战。单雄信纵马持枪直取李世民，徐世勣赶忙阻止单雄信，单雄信停了下来。但李世民与王世充之间的战争没有停止，窦建德的加入引发了虎牢关之战。李世民以一敌二，窦建德被俘，王世充投降，单雄信自然也成了俘虏。李世民下令将单雄信等一干将领全部处死，徐世勣向李世民求情，希望可免单雄信一死，但遭到拒绝。一代名将单雄信死于刀下，真是令人遗憾！

一次冤屈的救援

窦建德世代务农，隋末大乱，他率部起义，投奔高士达。涿郡之战，高士达战死，窦建德收其残部，自称将军。击败隋军强敌薛世雄后，窦建德基本消灭了河北地区的隋军主力。他建国为"夏"，改元五凤。窦建德勤于政务、厉行节俭、恢复生产、心怀百姓，河北地区呈现出繁荣安定的景象。李世民进攻王世充，王世充向窦建德求援。窦建德把全部人马都压在虎牢关，结果一战而败。被俘后，李世民责备窦建德："我征王世充，关你何事，你越界而来，冒犯我军士的锋锐！"窦建德说："今日不自己来，恐怕有劳你远取。"尽管窦建德说话都如此退让了，仍然没有逃过一死的命运。王世充投降没死，窦建德却被李世民押到长安城，斩首于长安市场中，死时 49 岁。但是窦建德部在河北很得民心。正因为窦建德死得冤，他的老部下刘黑闼再次在河北掀起风暴，唐朝用了很大力气才彻底平定河北。

河北为何造反？

根本原因是河北故地对李唐、对李渊处置窦建德结果不服，窦建德长期经营河北，很得民心。直接原因是窦建德旧将担心自己前途。王世充向李唐投降，但部下将帅公卿惨遭屠戮。窦建德故将范愿、董康买、曹湛、高雅贤担心重蹈覆辙，害怕被杀害，反而说"若不起兵报仇，实亦耻见天下人物"，于是他们开始策划反叛李唐的活动。经过占卜，他们得出要找姓刘的做一把手比较合适，首先他们找到了刘雅。结果刘雅表示不愿起兵，只希望余生做一个农夫。这几个人很生气，就把刘雅杀了。他们又找到在漳南隐居的刘黑闼，没想到刘黑闼特别高兴，杀牛摆宴，旧将们便把造反之事定了下来。刘黑闼举兵时有百余人，迅速攻破了所在的漳南县。贝州和魏州的刺史合兵来袭，都被刘黑闼击破。范愿、高雅贤各自的旧将相继来投奔，刘黑闼终成李唐大患。

李渊为何不第一时间进军中原？

这跟李渊的整体战略有关。李渊统一天下，大体上有三个步骤：一是太原起兵，进图关中。二是巩固关中，消灭西北群雄。三是进军中原，图谋天下。占据关中，逼隋王退位，建立唐朝是第一步。第二步就是巩固关中。那么李渊周边都有哪些政权呢？主要有陇西的薛举和薛仁杲父子、河西的李轨、山西的刘武周和宋金刚以及北面的突厥。突厥早在李渊太原起兵时就达成了合作，暂时不在考虑之列。对于河西的李轨，李渊主要采用招降，虽然李轨一度不愿投降于李渊，但李渊派出的使者安兴贵最终在李轨内部策反，李轨的大凉国没费多大力气就被拿下了。薛举、薛仁杲则一度打到今天宝鸡周边，极大地威胁着同在关中平原的唐长安城。李渊也是派出李世民主动进攻薛仁杲，浅水原一战胜定，李唐周边再无强敌。李渊终于解除了大后方的威胁，终于决定进军中原。

坐拥40万军队的梁国为何迅速灭亡?

萧铣是南朝梁宣帝的曾孙,在江南威望比较高。隋末大乱,在众将领支持下,他称帝于南方,定都江陵,有军队40万之众。李唐王朝派李孝恭和李靖进攻萧铣,没想到萧铣的梁国内部发生了激烈的权力争夺。当时李孝恭攻拔通、开二州,萧铣的部下却各自为政。萧铣想重新夺回军权,削弱将帅的权力。害怕被夺权的大司马董景珍的弟弟想谋乱,被萧铣杀掉。董景珍感到恐惧,偷偷派使者向李唐这边的李孝恭示好。萧铣又派出张绣攻打董景珍,张绣杀死了董景珍却不免同被萧铣杀掉的命运。萧铣的梁国就这样在内耗中被削弱了,虽然有40万庞大规模的军队,但李孝恭和李靖顺江而下的进攻却迅速让庞大的梁国瓦解。萧铣投降后的数日,江南尚有10余万的军队前来救急。但救兵已晚,萧铣已降,10万救兵也自然投降了唐朝。

罗艺与罗成谁是真的？

《隋唐演义》里有罗艺和罗成。罗艺是隋朝的北平王，罗成则是罗艺的儿子、秦琼的表弟。罗成武艺高强，使得一把好枪，最后助李唐王朝统一天下。然而，历史上并没有罗成这个人物，罗成是《隋唐演义》《说唐》和《兴唐传》等小说虚构出来的人物。但是罗艺这个人是有的，《旧唐书》《新唐书》都有罗艺的传记。历史上的罗艺也确实与北平有关。他在隋炀帝时因为军功做到虎贲郎将，隋炀帝让他在右武卫大将军李景手下干，"督军于北平"。后来天下大乱，涿郡物产丰富，加上这里有临朔宫，宫中多有珍宝，周边的强盗们便纷纷来掠夺。留守在这里的其他虎贲郎将都不敢出战，只有罗艺出战，而且屡战屡胜。其他的虎贲郎将都非常忌妒罗艺，想策划谋害罗艺，结果罗艺先发制人，对手下说："我军讨伐贼寇屡建功勋，而食用缺乏。官府粮食堆积如山，而留守官员不肯赈恤我们，这难道是安人强众的意思吗？"众人都觉得罗艺说得对，跟从罗艺将仓库的物资发给战士们，大开仓门赈济穷人。罗艺杀掉了渤海太守，柳城、怀远等郡纷纷归附他，掌握了几个郡的军政大权后，他自称幽州总管，实际上也确实是"北平王"。

罗艺为何会造反？

罗艺称雄幽州期间，宇文化及、窦建德、高开道都曾与罗艺联系。但是罗艺仔细分析形势后，做出了自己的判断：投靠李渊。李渊大加赞赏，武德三年（620），封罗艺为燕王，赐姓李氏。这样罗艺就叫了李艺。但是李艺自以功高位重，此时仍为秦王的李世民巡视李艺的军营，李艺竟然没有来由地打了李世民。但是李艺怎么也没有想到，玄武门之变后，李世民坐上了皇帝宝座。李艺一想到曾殴打过当今圣上，心里就非常恐惧。于是假称阅武，在幽州造起反来。李世民让长孙无忌和尉迟敬德讨伐李艺，没想到李艺集团内部发生了矛盾。王师未至，慈皓与杨岌密谋被泄，李艺将慈皓逮捕，但杨岌在城外。杨岌进攻李艺，李艺军队大崩溃，李艺只得率领几百骑兵逃亡突厥。刚到宁州界，在乌氏驿，骑兵就渐渐走散了，李艺被身边左右的将领斩杀，头被送往长安，名字也从"李艺"改回了"罗艺"。

托塔李天王是谁？

李靖的舅舅韩擒虎曾评论这位外甥："可以与之讨论孙子吴起的人，只有你啊！"李靖和李勣是唐代两大名将。（纵）观李靖的一生，他平定萧铣、平定辅公祏、出战突厥、远征吐谷浑，为大唐开拓疆土，立下赫赫战功。李靖还写出了很多优秀的军事著作，包括《六军镜》《阴符机》《玉帐经》《霸国箴》《韬钤秘书》《韬钤总要》《卫国公手记》《兵钤新书》和《弓诀》等书。虽然著作今天大多亡佚，但在唐朝和后世，李靖还是非常受人欢迎的。佛教中，毗沙门天王在唐朝也很受欢迎。李靖一生以征伐突厥、远征吐谷浑为功，而毗沙门天王又是西方外来的神仙，在民间信仰、民间故事的编排下，李靖和毗沙门天王合体了。李靖穿上毗沙门天王的衣服，成了托塔李天王。

李勣到底改了几次名字？

《说唐》和《隋唐演义》里，徐茂功是一位像诸葛亮、刘伯温一样的军师，那么他在历史上是什么样呢？李勣本姓徐，叫徐世勣，字懋功。早年他投身翟让的瓦岗军时就叫徐世勣，后来他跟随李密降唐，历事高祖、太宗、高宗三朝。投靠李渊后，由于他战功赫赫，李渊赐姓李氏，就这样他改为李世勣。太宗朝，李世勣南征北战，是与李靖齐名的战将。太宗驾崩，高宗即位，高宗觉得有必要避父亲李世民的讳，"世"和"民"字都禁止使用，所以"李世勣"也改为"李勣"。就这样，在高宗时代，徐世勣是以李勣的名字存在的。李勣病故于高宗朝，但是武后崛起，李勣的孙子李敬业（徐敬业）起兵反对武则天，武则天很生气，不允许李勣、李敬业再姓李氏，于是李勣、李敬业又改回徐世勣、徐敬业。后来中宗李显即位，恢复了李勣的官爵和李姓。唐朝灭亡，历史延续到了清朝，小说家们在创作《说唐》《隋唐演义》时取徐世勣的字"懋功"拼成"徐懋功"，又嫌"懋"字难写难认，俗写为"茂"，"功"也改为"公"，这就是徐茂公。

虞世南除了是书法家,更是功臣

提到虞世南,我们常常想到的是他的书法,想到他的《孔子庙堂碑》《破邪论》《汝南公主墓志铭》《摹〈兰亭序〉》等作品。其实他主要的职业是做官,他历仕南朝陈、隋、唐三个朝代,在陈朝做了建安王法曹参军,在隋朝做了中央政府的秘书郎、起居舍人,在唐朝一开始就是李世民秦王府的参军,后来又做到弘文馆学士。唐太宗曾评价虞世南有五绝:"一曰德行,二曰忠直,三曰博学,四曰文辞,五曰书翰。"书翰即文字、书法。虞世南早年学问上得自吴郡顾野王、写文章学自徐陵、书法上拜智永和尚为师,智永善于王羲之书法,虞世南因此由王羲之之体而发展出自己的风格。因为他在学问、文辞、书法上的才能,无论陈、隋、唐朝,虞世南从事的都是跟文字打交道的工作,常年在弘文馆、秘书省工作。不过作为秦王府参军和后来唐太宗的近臣,虞世南也经常给唐太宗提意见和建议,也算是功臣之一。虞世南死时81岁,陪葬昭陵,图画于凌烟阁,是凌烟阁二十四功臣之一。

李世民能成功靠秦王府十八学士，十八学士都有谁？

李世民能成为唐太宗，不管在唐初征战还是玄武门之变事件中都离不开谋士们的出谋划策，他最大的智囊团莫过于秦王府十八学士。这十八学士从秦王府到天策府囊括很多人才，包括秦王府时期的能断大事的杜如晦（王府属）、鞠躬尽瘁的房玄龄（王府记室）、"五绝"虞世南（王府记室）、褚氏父子盛一时的褚亮（王府文学）、史学家姚思廉（王府文学）、清静无为的李玄道（王府主簿）、雅善吟咏的蔡允恭（王府参军）、英年早逝的薛元敬（王府参军）、颜氏一门多英才的颜相时（王府参军）、站错了队的苏勖（王府咨议典签），陪太子读书的于志宁（天策府从事中郎）、机辩诙谐的苏世长（天策府军咨祭酒）、才略兼具的薛收（天策府记室）、谱牒专家李守素（天策府仓曹），以及兼通释道的陆德明（国子助教）、一代名儒孔颖达（国子助教）、博涉经史的盖文达（国子助教）、流氓才子许敬宗（宋州总管府户曹）。

唐朝的三省六部制有什么用？

唐朝的三省六部制袭自隋朝。三省是中书省、门下省、尚书省；六部则是吏、民、礼、兵、刑、工。中书省草拟政策，门下省复核，如有问题重新打回中书省，如无问题经皇帝盖章批准，交付尚书省执行。尚书省对应六部，六部是实际的执行部门，六个部门对应古代国家的方方面面。这里特别想提的是民部。后世比较熟悉的是户部，民部为何改名为户部呢？因为避李世民的讳，不能用"民"字，所以改为户部。有意思的是，以后历代因袭之，再也没有改回民部。

科举制是从什么时候开始的呢？

科举制的出现时间并不是唐朝，而是隋朝。魏晋隋唐是个贵族制的社会，起初采用"九品中正制"，普通老百姓很难有机会参与国家的治理。隋文帝和隋炀帝就觉得不能只依靠关陇贵族、山东贵族、江南贵族等世家大族治理国家，希望广纳人才、扩大统治基础，于是开始实行科举制。科举制使中国在世界范围内最早摆脱了贵族制的限制。到了唐宋，这套人才选拔机制更加合理，连唐太宗李世民都自得地说："天下英雄尽入吾彀中矣！"武则天时期又增加了殿试武举，重用寒门出身的人。到了唐末，世家大族遭到了黄巢、朱温的打击，科举制到两宋成了人才选拔最主要的手段。

太极宫用了几朝建成？

太极宫在隋朝叫大兴宫，是随着大兴城的兴建而建成的。隋大兴城呈四方形，中间靠北是大兴宫，往南是皇城，其余分布108坊和两市，齐整有序。大兴宫是隋文帝、隋炀帝初期的主要宫殿。到了唐朝，唐睿宗改名大兴宫为太极宫，在唐高祖、唐太宗、唐中宗、唐睿宗几朝时是最重要的宫殿。唐高宗只在永徽时期居住在太极宫，后来兴建大明宫后就搬到大明宫，且长期往返于长安与洛阳之间。唐隆政变后，唐玄宗掌握实际权力，搬到大明宫居住，太极宫成为太上皇唐睿宗的宫殿。安史之乱后，由于太极宫遭到破坏，后世绝大多数唐朝帝王都居住在大明宫。直到黄巢占据长安，大明宫在唐末遭到破坏，唐僖宗无法回到大明宫，才回到太极宫居住，所以唐僖宗后期和唐昭宗前中期主要在太极宫居住。

唐朝的皇城是皇宫吗？

在唐长安城和洛阳城，宫城（太极宫、紫微宫）的南面都有一个皇城。这个皇城不是皇宫，而是中央官员办公的地方。承天门街把皇城分为东西两半，南北7条大街，东西5条大街，分布着主要的中央官署：东边有东朝堂，西边有西朝堂；东边有门下外省，西边有中书外省；东边有左武卫，西边有右武卫；东边有尚书省，西边有司农寺；东边有左领军卫，西边有右领军卫；东边有太仆寺，西边有宗正寺；东边有太常寺，西边有鸿胪寺；等。除中书内省和门下内省在皇宫内，中央官署的执行机构都在皇城里了。皇城内有秘书监，我们熟悉的多位唐代诗人都做过这个职位，比如魏徵、贺知章、阿倍仲麻吕、白居易等。我们熟悉的"天街小雨润如酥"（韩愈《早春呈水部张十八员外》）中的"天街"最有可能指承天门街，时任吏部侍郎的韩愈当时派人将这首诗递交给同样在皇城内水部的张籍张员外。

"天街小雨润如酥"的天街是哪里？

这句诗出自韩愈《早春呈水部张十八员外》二首,《早春》写了两首,这是第一首,全诗如下:"天街小雨润如酥,草色遥看近却无。最是一年春好处,绝胜烟柳满皇都。"唐长安城确实有一条带"天"字的街名,这就是承天门街。这条承天门街恰好在太极宫南面的"皇城"内。经统计,《全唐诗》中提到的"天街"也多数是指承天门街。这些"官员"诗人在诗中引用"天街"多少带有某种炫耀的意思。"水部"是水务部门,"张十八员外"是韩愈的好朋友张籍,一个"呈"字说明这首诗是在皇城内传递的,显然不是朋友间、里坊间的交流方式。所以"天街"大概率就是指承天门街,"皇都"是指官员办公的皇城。

东、西两市是干什么的？

东市和西市是唐长安城的经济活动中心，是全国工商业贸易中心，也是中外各国经济交流的重要场所，尤其西市被认为是"丝绸之路"的起点，聚集通过"丝绸之路"来的各国商品货物。唐朝采用严格的坊市制度，尤其唐朝初期除了两市之外绝对不允许进行商业活动，所以东、西两市是最重要的贸易场所。东市与西市在功能定位上别无二致，两市的位置在长安城呈对称分布，占地面积也大致相等。两市均有220行，繁华程度盛极一时。杜甫在《饮中八仙歌》写道："李白一斗诗百篇，长安市上酒家眠。"白居易《卖炭翁》中提到的"卖炭"行为也是在两市，所以诗中说"市南门外泥中歇"，市门开门后，卖炭翁才可以在市场里卖炭。

里坊为何是 108 坊？

唐长安城有 108 坊，这是一个有吉祥寓意的泛指。其实隋唐长安城的里坊数也经常在这个数字上浮动。宇文恺在设计隋大兴城时将该城规划为南北 11 条街和东西 14 条街，除了宫城（太极宫）、皇城和两市，里坊有 109 个。以朱雀大街为中轴线，中轴线以东有 54 坊，以西有 55 坊。唐玄宗改隆庆坊为兴庆宫，长安城又减为 108 坊。但是大明宫对面的翊善坊和永昌坊由于正对大明宫南门丹凤门，风水不好，于是将两坊从中间分开，变成翊善坊、光宅坊、永昌坊和来庭坊，这样长安城的里坊又变为 110 坊。说长安城有 108 坊，是因为 108 是 9 的倍数，是一个人们喜闻乐见的数字，所以说隋唐长安城 108 坊最为普遍。

唐朝晚上不能出来溜达？

唐朝实行宵禁制度，以长安、洛阳为例，一到晚上就会采取宵禁制度。唐长安城有108坊，采用里坊管理。到了宵禁时间，城门、坊门关闭，所有人等不得上街。如果上街，等待你的将是武侯的盘问，因为晚上9点半之后谁敢在大街上溜达就按盗贼处理。那在里坊内可以活动不？是可以的。而且9点半之后只能在自己所在坊内活动。但是唐朝每年有三天破例，那就是上元节前后三天。所以《长安十二时辰》选择这三天中的十二个时辰——也就是二十四小时，是非常符合唐朝规定的。

朱雀大街有多宽？

朱雀大街是唐代长安城的中心大街，北达皇城的朱雀门，南抵外郭城的南门明德门。朱雀大街北面穿过朱雀门就是承天门大街。承天门大街与朱雀大街成为整个长安城的中轴线。那么朱雀大街有多宽多长呢？从朱雀门到明德门，朱雀大街长达5020米。经考古实测，朱雀大街的宽度在150—155米，不含路沟实际宽度大致为130米。这条十里长街是当时世界上最宽最大的长街，明德门五门道的设计展示出那个万国来朝时代的盛大与辉煌。

敦煌只相当于长安的百分之一？

今天的敦煌以莫高窟闻名世界，其石窟壁画和敦煌卷子至今都是显学。但是你知道吗？敦煌在唐代属于下州，唐代敦煌城的大小和人口只相当于唐长安城一个坊的规模。唐长安城有108坊，也就是说敦煌城只有长安城的百分之一。长安城的面积之大在当时是难以想象的。然而敦煌藏经洞已经研究100多年了，如果长安没有被毁掉，某个坊里也藏着这样的文献资料，价值是难以估量的。可惜长安不在，我们通过敦煌壁画反而能够看到长安城的一些面貌。

唐长安城和汉长安城是一座城市吗？

不是。在西安和咸阳有 4 座"长安"城，分别是西周丰镐、秦咸阳城、汉长安城和唐长安城。现在西安的主城区主要是隋唐长安城发展而来的，汉长安城则在唐长安城的西北侧。汉长安城在建城时与秦咸阳宫隔渭水遥相呼应。从公元前 202 年到公元 583 年，汉长安城曾长期作为政治中心，西安十三朝有十朝都是以汉长安城为都：西汉、新朝、东汉、西晋、前赵、前秦、后秦、西魏、北周、隋。那么为什么要建隋唐长安城呢？因为到了隋文帝的时候，汉长安城的环境已经非常恶劣，地下水水质咸卤，隋文帝就让宇文恺在汉长安城的东南、龙首原南面新建了隋大兴城，也就是后来的唐长安城。汉长安城在隋唐时代也没有被废弃，被纳入皇家禁苑继续存在到唐朝灭亡的 907 年。

未央宫和昆明池为何还在唐朝使用着？

　　汉长安城作为都城的功能被隋唐长安城取代后，汉长安城以及城内的未央宫、城外的昆明池并未被废弃，而是被划入隋唐皇家苑囿。比如，唐高祖李渊就多次在未央宫、昆明池举办大型宴会。昆明池原本是汉武帝训练水军的人工湖，王朝衰落一度干涸，但是到了唐朝，再次把沣河水引入，成为唐朝人泛舟游玩的地方。武德六年（623），唐高祖在昆明池大宴群臣，庆贺天下一统。贞观八年（634），唐高祖在城西阅兵，又到未央宫慰劳将士。在宴会上，唐高祖让突厥颉利可汗跳舞助兴，又让南越酋长冯智戴咏诗，已经成为太上皇的李渊和唐太宗李世民在未央宫宴会上互相庆贺、称赞。

唐代的天坛在哪里？

在陕西师范大学老校区校园内，曾发现一个叫圜丘的隋唐长安城遗址。这个圜丘就是隋朝 2 位皇帝和唐代 19 位皇帝举行过祭天的天坛。这个唐代天坛高 8 米，高于北京天坛的 5.4 米，而且 12 面都有台阶，比只有 4 面有台阶的北京天坛更符合周礼的礼制。唐高祖称帝太极殿，曾派太尉萧造"告于南郊"；唐太宗即位于东宫，也派司空裴寂"柴告于南郊"。这个"南郊"就是指圜丘——天坛。唐朝皇帝为什么要到这里？因为皇帝自称天子，就是通过天坛与上天沟通的。

唐朝第一位诗人

唐代第一位诗人王绩是五言律诗的奠基人之一,他的《野望》令当时的唐诗气象为之一新:"东皋薄暮望,徙倚欲何依。树树皆秋色,山山唯落晖。牧人驱犊返,猎马带禽归。相顾无相识,长歌怀采薇。"但是无论在隋朝,还是在唐朝,他都对做官十分淡泊,总是以隐士自居。李渊建立唐朝,征召前朝官员,王绩以原官待诏门下省。为何他愿意出来做官,是因为按照门下省的待遇,可以每日得到好酒三升。但是到了贞观年间,他还是弃官而去。他自持清高,哪怕官场中有一点不干净的现象,他也不能接受,所以还是甘愿当一位隐士。他喜好老、庄及魏晋玄学,向往嵇康、阮籍、陶渊明,喜欢饮酒,也喜欢写饮酒和田园生活。

唐朝蓄养奴隶很常见？

唐朝上承魏晋南北朝隋朝，仍然保有奴隶制。但这种奴隶制不是奴隶社会，而是以奴婢制度存在着的社会关系。唐代奴婢分为官属奴婢和私属奴婢。不仅王公贵族蓄养奴婢，就连毫无功名的中小地主家也役使奴婢。唐朝法律明文规定："奴婢贱人，律比畜产。"奴婢没有完全的人格，没有自由。如果奴婢犯错，主人私刑处死奴婢，自己却不会受到重罚。一些历史学者说这属于"奴隶制意识形态在唐代的严重遗留"，一些历史学者甚至认为唐朝就是奴隶制社会。

唐朝冷知识

贞观之治·太宗

玄武门之变真相如何？

突厥犯边，李渊令李元吉掌军，调离李世民身边的军队将士，长孙无忌、房玄龄、杜如晦、尉迟敬德、侯君集等人争相建议李世民采取措施、发动玄武门之变。李世民向李渊密奏李建成、李元吉淫乱后宫，李渊让二人次日来到宫里核实。武德九年（626）六月四日，李建成、李元吉只带少量随从从太极宫北门玄武门进入太极宫。刚刚进入玄武门，来到临湖殿，二人发觉形势不对，准备回马逃往东宫。此时李世民大叫，李元吉朝李世民射了3箭，但无一中的。李世民张弓射出，李建成应弦而倒，当场死亡。李元吉中流矢正想逃走，此时尉迟敬德忽然冲到他面前，李元吉斗不过他，被尉迟敬德杀死。东宫和齐王府的2000精兵虽然赶到玄武门外，但根本攻不进来。李世民部数百骑兵赶到，东宫和齐王府兵败。唐高祖李渊听到兵变大惊，尉迟敬德赶到李渊处，李渊不得已交出权力，承认李世民为新太子，事变告一段落。

玄武门在哪里？

李唐王朝统一天下后，大概经历了三年和平，威胁唐朝的只有北方的突厥。但秦王李世民却与太子李建成和齐王李元吉产生了矛盾。武德九年（626）六月四日，李世民发动政变，杀死李建成和李元吉，又派尉迟敬德逼迫皇帝李渊，李渊随即立李世民为皇太子，李世民获取了李唐王朝的军政大权。这就是玄武门之变。这里的玄武门是指太极宫的玄武门。但是太极宫的玄武门究竟在哪里呢？很多证据指向自强西路的西安铁路职业技术学院的校园中，至于是东校区还是西校区就见仁见智了。至于大明宫里的玄武门嘛，唐高祖时的大明宫还没建起来呢！

李建成是一个没有本事的人吗？

绝对不是的。论功劳，太子李建成和秦王李世民不相上下。首先在太原起兵阶段，李建成与李世民的功劳几乎是一样的。李建成在河东募兵，然后偷偷回到太原，和父亲李渊、二弟李世民、四弟李元吉一起发动了太原起兵。然后他渡过黄河，占据潼关，进攻长安。李世民屯兵阿城，李建成占据霸上。占据长安后，李建成被隋帝封为唐国世子，李世民被封秦公。李渊称帝，李建成为皇太子，李世民为秦王。巩固关中和进军中原的阶段，李建成消灭了祝山海、刘仚成，扫平了李轨残余势力，消灭了河北的刘黑闼。虽然在扩张和统一战争阶段，军功没有李世民卓著，但他把更多的精力用在帮助父亲李渊治理朝政，所以手下积聚了很多治国人才，比如太子府的王珪、魏徵——他们不仅辅助李建成建立一个国家，而且日后被李世民任用，成为"贞观之治"的一代英才。只可惜现存的史料《旧唐书》《新唐书》等资料经过唐太宗的删改，李建成和李元吉的面目已经模糊了，显得太子李建成似乎没有什么才能。

建成和元吉有后代吗？

玄武门之变，李建成被李世民射死，李元吉则被尉迟敬德杀死。然而事情的严重程度完全超出了我们想象：李建成和李元吉的子嗣也惨遭屠戮。李建成死时 38 岁，他的次子安陆王李承道、河东王李承德、武安王李承训、汝南王李承明、钜鹿王李承义在事变后被诛杀；李元吉死时 24 岁，五个儿子梁郡王李承业、渔阳王李承鸾、普安王李承奖、江夏王李承裕、义阳王李承度也在事变后被诛杀。那么，李建成的长子哪里去了？李建成的长子太原王李承宗"早卒"，因为死得早，反倒躲过了诛杀。从此建成、元吉支"绝种"，唐朝日后的皇帝都是唐太宗的后代了。

囚禁李渊的太安宫在哪里？

玄武门之变后，李世民成了新皇帝，李渊则成了太上皇。后来李渊从太极宫搬到太安宫，李世民成了太极宫的主人。那么，太上皇李渊的太安宫在今天什么地方？这个太安宫，又称大安宫，本来叫弘义宫，起初是皇帝李渊赐给秦王李世民的宫殿。结果玄武门之变后，爷俩交换场地，太上皇李渊住进了太安宫，李世民住进了太极宫。史料记载很少，唐人马周在奏文中提及："臣伏见大安宫在宫城之西，其墙宇宫阙之制，方之紫极，尚为卑小。臣伏以东宫皇太子之宅，犹处宫中，大安乃至尊所居，更在城外。"清代《唐两京城坊考》则说："西出西云龙门而北，则为大安宫。"大安宫大概在太极宫的西面、长安城外、禁苑内，估计在太极宫的西北方向。

李渊为何不爱去九成宫？

夏天长安城炎热，太极宫酷暑难耐，唐太宗李世民一般是到九成宫避暑。但每次邀请太上皇一起去避暑，李渊都不乐意。那么李渊为什么不去九成宫呢？原来在隋末唐初时，社会上一直流传着杨广在九成宫杀害父亲杨坚的故事。隋朝的九成宫叫仁寿宫，隋文帝病重，待在仁寿宫。当时隋文帝的宣华夫人和太子杨广在仁寿宫侍候隋文帝，但是在宣华夫人更衣的时候，太子杨广调戏了宣华夫人。隋文帝见宣华夫人回屋神色有变，便问发生了什么。宣华夫人交代了太子的非礼行为。隋文帝大怒，想派人找原太子杨勇。但这事被杨广知道了，杨广派手下人张衡进入隋文帝的寝殿并杀害了隋文帝。杨广对外则宣布隋文帝是自然死亡，自己即位为新皇帝。隋文帝是自然死亡，还是被谋杀，今天已经很难知道真相了。但是唐初的人们比较相信隋文帝是被杨广谋杀的，至少唐高祖李渊这么认为，他心里非常忌讳和儿子李世民到九成宫避暑，害怕李世民会和杨广一样谋杀自己。

太上皇李渊和唐太宗李世民的关系何时缓和的？

李世民登上帝位后，李渊从此成为太上皇，一直活到贞观九年（635）。69岁这一年（634），李渊还在太极宫的两仪殿宴请西突厥的使者。此时东突厥的首领颉利可汗已经被唐朝抓住，大唐北方再无威胁。在宴会上，李渊对长孙无忌说："当今蛮夷率服，古未尝有。"长孙无忌则祝太上皇李渊"千万岁寿"。李渊很高兴，李世民也祝福父亲长寿万岁。那么这场宴会的两仪殿位置在今天哪里呢？大概在西安北城墙以里，高阳里附近。

李世民有多少兄弟？

如果说同父同母的亲兄弟，那李世民只有三个兄弟：哥哥李建成、弟弟李玄霸和李元吉，他们都是李渊的窦皇后所生。但是唐高祖李渊还有很多妃嫔，算上她们所生的孩子就很多了：

万贵妃生的楚王李智云；

尹德妃生的酆王李元亨；

莫嫔生的荆王李元景；

孙嫔生的汉王李元昌；

宇文昭仪生的韩王李元嘉、鲁王李灵夔；

崔嫔生的邓王李元裕；

杨嫔生的江王李元祥；

小杨嫔生的舒王李元名；

郭婕妤生的徐王李元礼；

刘婕妤生的道王李元庆；

杨美人生的虢王李凤；

张美人生的霍王李元轨；

张宝林生的郑王李元懿；

柳宝林生的滕王李元婴；

王才人生的彭王李元则；

鲁才人生的密王李元晓；

张氏生的周王李元方。

综上，李建成、李玄霸、李元吉、李智云、李元亨、李元景、李元昌、李元嘉、李灵夔、李元裕、李元祥、李元名、李元礼、李元庆、李凤、李元轨、李元懿、李元婴、李元则、李元晓、李元方，李世民有21个兄弟，唐高祖生了22个儿子。

最尊贵的世家大族

隋唐时代继承魏晋南北朝社会遗风，仍然是身份制社会，世家大族在社会上仍然享有崇高的威望和地位，甚至李氏皇族都首选世家大族通婚。其中世家大族中最尊贵的莫过于"五姓七望"，五姓是李、崔、卢、郑、王，又由于李氏和崔氏各有两支，七望分别为：

陇西李氏：李氏皇族自认是陇西李氏，陇西李氏在唐朝出了10位宰相。

赵郡李氏：祖上之一是战国四大名将的李牧，唐朝出了9位宰相。

清河崔氏：清河崔氏和博陵崔氏分出10房崔氏，清河崔氏出了12位宰相。

博陵崔氏："崔九堂前几度闻"里的崔九（崔涤或叫崔澄）就是出自这个家族，博陵崔氏在唐朝出了16位宰相。

范阳卢氏：始祖卢植以儒学显名东汉，唐代有初唐四杰之一的卢照邻。

荥阳郑氏：唐代出了12位宰相，该家族被人称作"郑半朝"。

太原王氏：三国时有王允，到了唐朝，这一家族出了王勃、王之涣、王昌龄、王维等顶尖诗人。

陪伴唐太宗的六匹骏马

在唐太宗李世民的昭陵北端，有六块由六匹骏马构成的大型浮雕石刻，这六匹骏马伴随李世民隋末唐初统一战争的全过程。它们分别是：白蹄乌、特勒骠、飒露紫、青骓、什伐赤、拳毛䯄。它们中有的马曾救过李世民的性命，有的马则见证了李世民的赫赫战功。

大唐于618年建国后，李渊的策略是先巩固关中。当时威胁关中的主要是河西的李轨和薛举、薛仁杲父子。李渊称帝，薛举亲自领兵大举东进，李世民与薛仁杲最终在浅水原大战。这一战，李世民骑着追风骏马白蹄乌，只带数名精锐骑兵，率先杀入敌阵。薛仁杲军队大乱，赶紧溃逃。李世民又骑着白蹄乌，带领骑兵追赶，一昼夜急行200多里，薛仁杲最终开城投降。唐太宗给白蹄乌的赞语是"倚天长剑，追风骏足"。

浅水原大战之后，刘武周的手下宋金刚威胁到李唐王朝的龙兴之地——山西太原。李渊派李世民征伐宋金刚。李世民让程咬金、秦琼佯败，诱宋金刚主力深入，然后又亲自骑上特勒骠追击宋金刚，宋金刚大败，尉迟敬德投降李世民。特勒骠一战成名。

在李世民与王世充、窦建德的战争中，共死伤三匹战马，分别是飒露紫、青骓、什伐赤。李世民与王世充在洛阳北部的邙山大战（564），飒露紫身中5箭，后来丘行恭给飒露紫拔箭，将自己所乘之马给李世民坐，这一幕被记录下来，飒露紫的浮雕成为"昭陵六骏"中唯一有人物（拔箭的丘行恭）的作品。

李世民虎牢关一战（620—621）大胜窦建德，迫使王世充献出洛阳城。在这一战中，李世民骑的就是青骓，这一战，青骓马身中5箭，前面1箭，后面4箭，立下大功。长得像赤兔马的纯赤色战马什伐赤与青骓遭遇相仿，也是身中5箭。

武德四年（621），李世民再次奉命出征，他采用坚壁挫锐、断粮筑堰的办法，逼迫刘黑闼2万骑兵与唐军决战，战斗相当激烈。李世民的坐骑拳毛䯄此战身中九箭（前6后3），战死阵前。李世民获胜，拳毛䯄最终被刻到《昭陵六骏》，是唯一体毛呈卷曲状的马。

贞观十年（636）唐太宗在为自己营建昭陵时，决定用青石雕刻六骏的形象永久陪在自己身边。李世民诏令大画家阎立本先画出六骏图形，由石刻家阎立德依画形雕刻于华山石上，并亲自作诗《六马赞》6首，赞扬每匹马的风采，并命大书法家欧阳询抄录下来刻在"六骏"旁边。"白蹄乌""特勒骠""青骓"和"什伐赤"四块真品现存于西安碑林博物馆，"飒露紫"和"拳毛䯄"二块于1918年流失海外，现存于美国宾夕法尼亚大学博物馆。

"飒露紫"和"拳毛䯄"为何在美国？

袁世凯修建袁家花园，二儿子袁克文找到古董商人赵鹤舫，赵鹤舫说李世民的《昭陵六骏》最符合袁府气派，便建议挖走飒露紫和拳毛䯄。结果送到袁克文手上的是赝品，真品落入赵鹤舫手中。

赵鹤舫转卖给另一个大古董商卢芹斋，卢芹斋1914年到北美开拓生意，又把飒露紫和拳毛䯄转卖给美国宾夕法尼亚大学博物馆。卢芹斋拿着两幅石刻拓片要价18万美元，博物馆馆长高登虽然一下掏不出18万美元，但坚持分期付款，最终咬牙收藏飒露紫和拳毛䯄。如今这两骏依旧存在宾夕法尼亚大学博物馆。

唐太宗是如何击败强敌突厥的？

贞观四年（630），唐太宗以突厥进攻河西为借口，出动六路大军，李靖、尉迟敬德、李勣（徐世勣）、张公瑾、柴绍、秦琼、程咬金等名将全部出动，10余员大将率兵10余万，统一受李靖节度，朝颉利可汗袭来。这一战，颉利可汗大败，自知不是对手，派执失思力为特使，到长安向唐太宗请罪，实际上企图待草青马肥之时，东山再起。但是李靖仍不放手，借唐使抚慰突厥之机，突击颉利可汗牙帐。突厥军队溃散，被歼灭1万人，被俘男女10余万。颉利可汗仓皇逃窜，结果路上迎头撞上了李道宗的大同军，行军副总管张宝相活捉了颉利可汗。唐太宗没有杀颉利可汗，封他为归义王，让他在长安度过余生。

唐朝为什么不修长城？

中国历史上，从战国起就开始修长城。到了秦朝统一，秦始皇将秦、赵、燕的长城连成一线，成为万里长城。今天我们看到的长城是明长城，是明朝为了防止北方蒙古骑兵入侵而用砖垒砌的明砖长城。但是中国有些王朝是不修长城的，比如唐、元、清。元的统治范围辽阔，北线超过了长城，疆域到达长城以北。清朝不修长城是因为满蒙长期联姻，没必要修长城。唐朝的长城是隋朝继承过来的，但是唐人不怎么做整修。原因是唐往往和元一样，疆域北越长城，没有重修的必要。还有一个原因是唐朝有效的民族政策，能够很好地处理与周边少数民族的关系，没必要靠长城。

唐太宗征伐高句丽为什么也失败了？

贞观十九年（645），唐太宗亲率大军从洛阳出征，到幽州集结兵力并宣誓。他派李勣从陆路逼近辽东，派张亮从水路跨海登陆作战，海路并举。李勣大军相继攻克盖牟城、辽东城、白崖城，似乎战斗非常顺利。然而到了安市城，李勣受到了守城军队和援兵高延寿、高惠贞的抵抗。虽然高延寿、高惠贞投降了唐朝，但是唐朝大军最终也没能征服安市城守军。同时张亮的跨海作战也没有成功，唐军的补给也出现了问题，唐太宗最终决定作罢退兵，唐太宗的第一次征伐高句丽战争没有达到预期目的。贞观二十二年（648），唐太宗又派薛万彻、苏定方、契苾何力发动第二次征伐高句丽的战争。然而唐太宗还没出发就驾崩了，征伐之事只得作罢。

唐朝为何编《姓氏录》《氏族志》？

《氏族志》和《姓氏录》编写之前，天下的世家大族曾经有一个大致的排序，这些官修谱牒把名门望族排在前，寒门家族排在后。唐朝继承魏晋南北朝的文化传统，是个半贵族制的社会，虽然普通士族可以通过科举制成为候补官员，但皇亲国戚、名门望族的子弟可以依靠门荫直接取得官员资格。

唐太宗通过《氏族志》提高了李家皇族的地位，形成了"五姓七宗"的格局。武则天则通过《姓氏录》提高了武家后族的地位，武家得以显贵，武三思、武承嗣、武惠妃、武元衡成为唐朝历史中显赫人物。

长孙皇后和长孙家族为何不干预朝政？

长孙皇后是唐太宗李世民的皇后，她本是长安人，现在西安城有大雁塔的大慈恩寺就是儿子李治为纪念她而建的，是一代贤后。

唐太宗能达成"贞观之治"，外廷有魏徵，内宫则有长孙皇后。对于唐太宗的治理国家，长孙皇后张弛有度。

唐太宗想奖赏长孙皇后和后族外戚一家，长孙皇后却说："母鸡司晨，终非正道，我是妇道人家，怎能随意议论国家大事呢？"她拒绝参与政事，取给有度，坚决不参与政事和寻求相关奖励。

唐太宗想给她的兄弟长孙无忌很高的职位，长孙皇后坚决反对，在《旧唐书·后妃传》一书中，记述了一段长孙皇后与唐太宗的对话："皇后固言不可，每乘间奏曰：'妾既托身紫宫，尊贵已极，实不愿兄弟子侄布列朝廷，汉之吕霍，可为切骨之诫。特愿圣朝，勿以妾兄为宰执。'"

纵观历史，外戚专权的现象长期存在。"汉之吕霍"，指的就是西汉时期的吕后和霍光，这两个外戚家族因为干预朝政，最终遭遇灭顶之灾。长孙皇后担心哥哥长孙无忌以外戚的身份参与朝政，会给长孙家族带来祸端。长孙皇后如此谨慎，真可谓深谋远虑了。就算长孙无忌在太宗死后掌握大权，长孙家也没有因此凌驾于其他家族之上。

长孙皇后保护过魏徵？

长孙皇后把精力用在后宫的管理上，对于政事只是间接触及。比如有一次唐太宗突然兴致大发，要去郊外狩猎，只见魏徵在宫门处强烈阻止，还说"眼下正值仲春，万物刚刚萌生，禽兽哺幼，要爱护生灵，不宜狩猎"。

唐太宗当时虽然忍住发怒，返回宫中却愤怒地对长孙皇后说："魏徵这个老农民太不像话了，不让我狩猎，哪天我一定要杀了他！"没想到长孙皇后没有立刻回应，而是回到屋子里换了一身正装，重新回到唐太宗面前，跪到地上对唐太宗说："妾听说主明才会臣直，现在魏徵直谏，说明陛下您明鉴。有这样的君主和臣子，真是我大唐的幸运，妾恭祝陛下啊！"唐太宗恍然大悟，觉得长孙皇后说得有理，也把对魏徵的愤怒转为敬佩。

有了"房谋杜断",唐太宗为何还重用魏徵?

《旧唐书》在讲述房玄龄和杜如晦的传记中曾说:"世传太宗尝与文昭图事,则曰:'非如晦莫能筹之。'及如晦至焉,竟从玄龄之策也。盖房知杜之能断大事,杜知房之善建嘉谋也。"由此衍生出成语"房谋杜断",大意是房玄龄善于谋划,杜如晦善于决断。房玄龄和杜如晦最初都是秦王府十八学士,都很有才华。无论是消灭隋末群雄,还是玄武门之变,房玄龄都是李世民最重要的谋士,他特别善于谋划,能够对一件事提出很多不同的应对策略。杜如晦则善于分析问题,往往能够从房玄龄的策略中就某件事情得出最优解。

但是唐太宗在贞观年间为什么又重用魏徵呢?其实这个问题很好回答。在《旧唐书·魏徵传》里唐太宗说:"贞观以前,跟随我平定天下,辗转奔波于乱世,这是房玄龄的功劳。贞观以后,尽心对我进献忠直的劝告,利民安国,敢于冒犯国君尊严,直言规劝,纠正朕的过失的,只有魏徵一人而已。"

所谓的"房谋杜断",主要是在唐太宗前期,尤其是玄武门之变期间起到了重要作用。玄武门之变,房玄龄提供具体策划,杜如晦则帮助年轻的李世民拿主意。等到了李世民掌握国家大权之后,房、杜二人渐渐退居幕后,不再作更多策划和决断,这个时候正好魏徵从太子府来到唐太宗面前,和王珪、张玄素等人为唐太宗出谋划策。

凌烟阁二十四功臣都有谁？

凌烟阁二十四功臣是唐太宗为纪念一同打天下的功臣而在皇宫凌烟阁内描绘的画像，共有24位，分别是：长孙无忌、李孝恭、杜如晦、魏徵、房玄龄、高士廉、尉迟敬德、李靖、萧瑀、段志玄、刘弘基、屈突通、殷峤、柴绍、长孙顺德、张亮、侯君集、张公谨、程知节、虞世南、刘政会、唐俭、李勣、秦琼。

据说这凌烟阁二十四功臣，比例皆真人大小，画像均面北而立，唐太宗时常前往怀旧。阁中分为三层：最内一层所画为功勋最高的宰辅之臣，中间一层所画为功高王侯之臣，最外一层所画则为其他功臣。

凌烟阁的增补画像

凌烟阁不仅仅画了二十四功臣，在安史之乱后，大唐又增加了很多人。

唐肃宗时期有仆固怀恩、李光弼、李怀仙、李抱玉、郭英义、辛云京、侯希逸、田神功、孙志直、白孝德、令狐彰、李宝臣、薛嵩、田承嗣、张献诚、鱼朝恩、程元振、仆固玚、高彦崇、浑日进、李建义、李光逸、杨崇光、李怀光、张如岳、白元光、温儒雅、拓拔澄泌、高晖、卢钦友、成惟良，曹楚玉。

唐代宗时期有郭子仪、李适等8人。

唐德宗时期增加褚遂良、李晟、桓彦范、刘幽求、马燧、张万福、李惟简、柏良器、苏定方、郝处俊等27人。

唐宣宗时期增加李岘、王珪、戴胄、马周、褚遂良、韩瑗、郝处俊、娄师德、王及善、朱敬则、魏知古、陆象先、张九龄、裴寂、刘文静、张柬之、袁恕己、崔玄暐、桓彦范、刘幽求、郭元振、房琯、寺履谦、李嗣业、张巡、许远、卢弈、南霁云、萧华、张镐、李勉、张镒、萧复、柳浑、贾耽、马燧、李澄37人。

唐昭宗时期有孙德昭、董从实、孙承诲等。综上所述，可见到唐末，凌烟阁里图画了上百人之多。

唐太宗不如隋炀帝？

张玄素敢说唐太宗还不如隋炀帝是因为重修洛阳紫微宫乾阳殿事件。隋唐时代实行两都制，洛阳是东都，宫殿叫洛阳宫，紫微宫的第一个大殿叫乾阳殿。

贞观四年（630），唐太宗决定重修乾阳殿，以备巡幸之用。还没动工，给事中张玄素的上书就来了。上书中用了五条理由阐述不可重修乾阳殿的理由，大概意思是：创业伊始国家百废待兴，唐朝还没有太多积累，建这么奢侈的宫殿真是太浪费了，而且没有必要。况且是陛下当年亲自攻打的洛阳，当时已经将隋朝洛阳宫夷为平地，现在又要修成和隋朝一样华丽，岂不是前后矛盾吗？更不合适的是，大兴土木必将征召太多百姓，所谓"阿房成，秦人散""乾阳毕功，隋人解体"，豪奢的宫殿修成了，王朝离灭亡也不远了。您让那些刚刚被战乱折磨过残存下来的人为您服役修建宫殿，这就是沿袭隋朝的弊政，就从这点上来看，您干的事比隋炀帝还过分！

话糙理不糙，唐太宗认为张玄素说得对，不仅停止了重修乾阳殿的工程，还对张玄素赐彩两百匹。

唐太宗为何不去封禅泰山？

在中国古代政治制度中，封禅泰山可以说是最盛大的典礼，真正完成封禅泰山的只有六位帝王，分别是：秦朝的秦始皇、西汉的汉武帝、东汉的光武帝、唐代的唐高宗、唐玄宗以及北宋的宋真宗。我们发现唐代有两位皇帝：唐高宗和唐玄宗，却没有"天可汗"唐太宗，这是怎么回事呢？李世民扫灭隋末群雄帮助父亲建立大唐、贞观之治举世闻名，取得很高的政治成就。群臣曾多次上表唐太宗封禅，唐太宗也有过封禅的念头，但他尚不确定，就去问魏徵，魏徵不赞成。魏徵举出六点理由说服唐太宗。而此时河南、河北数州大水，唐太宗就放弃了封禅泰山。

唐太宗靠什么能达成贞观之治？

李世民能达成"贞观之治"，最重要的有三点。第一点是用人。他在做秦王时就有"秦王府十八学士"，其中就包括房玄龄、杜如晦、虞世南、孔颖达。武将方面，"凌烟阁二十四功臣"里就有秦琼、程咬金、李靖、尉迟敬德。第二点是纳谏。他敢于任用李建成原太子府的人，比如魏徵、王珪。魏徵敢说十八学士不敢说之话，敢于直言进谏，对唐太宗的施政以极有益的影响。第三点是以民为本。唐太宗听从魏徵的建议，杜绝隋炀帝滥用民力，坚决以民为本，保护老百姓的利益。民为邦本，不折腾，终于使社会恢复到一个健康的水平，达成了"贞观之治"。

唐朝的年号、庙号、谥号有什么特点？

唐朝以前对皇帝的称呼一般采用谥号，谥号是后人对该皇帝生平事迹进行评定后给予褒贬的文字。隋朝两位皇帝就是隋文帝、隋炀帝，"文"带有褒义，而"炀"带有贬义。隋朝以前并不是所有君王都有庙号，倒是隋唐时代开始有唯一的庙号。

隋唐皇帝谥号的字数变多，对唐朝皇帝的称呼就改为以庙号来称呼，如唐高祖、唐太宗、唐高宗。为什么对后世的明清皇帝我们习惯于采用年号呢？因为明清皇帝终其一生只有一个年号，倒是谥号、庙号字数变得更多了。唐朝皇帝不采用年号是因为皇帝们经常更换年号，会指代不明。所以唐宋两朝基本采用"祖""宗"指代皇帝，也就是采用庙号的方案。

《贞观政要》为何写在唐玄宗时期？

"贞观之治"后，唐高宗、武则天、唐中宗、唐睿宗几个时期都没有系统整理过贞观时代的成败得失。直到唐玄宗的开元十七年（729），史学家吴兢才写成《贞观政要》，并向唐玄宗进《上〈贞观政要〉表》。

为何在这个时间编纂并进献此书？因为开元时代承平日久，唐玄宗封禅泰山后，有点居功自傲，唐朝社会开始萌发一些社会危机。吴兢写此书总结唐太宗时代的政治得失，希望唐朝君主以为借鉴。所以这本书里有很多皇帝诏书、大臣奏疏，牵涉政治、经济、军事、文化、社会、思想、生活等方方面面，尤其重点讨论了君臣关系、军民关系、用人纳谏、恭俭节用、居安思危等问题。可惜吴兢进献的这部《贞观政要》不受待见，书虽然没有被禁毁，吴兢本人却因"书事不当"被贬官。

"天可汗"是什么意思？

"天可汗"是唐代少数民族首领对唐太宗的尊称，由中原文化里的"天子"和少数民族的"可汗"构成。唐代是"大有胡气"的朝代，不仅唐朝统治者自身出身于鲜卑族与汉族联姻，而且对于少数民族政策也是相当开放的，和战结合。贞观年间，唐朝依次取得了对东突厥、吐蕃、吐谷浑、高昌、焉耆、西突厥、薛延陀、高句丽、龟兹等大大小小国家的胜利。东突厥之战颉利可汗被活捉，震惊四海。唐朝建立起东亚格局中的单极世界。唐太宗大量任用突厥贵族为官。比如以智勇闻名的阿史那社尔，率突厥部众内属被唐太宗封为左骁卫大将军。后来阿史那社尔在平定高昌的战役中立功，封为毕国公。630年，西域和北部边疆各族首领来到长安，尊奉唐太宗为各族共同的首领"天可汗"，唐太宗至此不仅是唐王朝的皇帝，还是各民族的"天可汗"。他甚至都得意地说："自古帝王虽平定中夏，不能服戎狄，朕才不逮古人，而成功过之。"昭陵还有少数民族首领塑像，他们共同尊奉唐太宗的"天可汗"地位。

文成公主入藏是一次技术扩散？

唐朝掌握着那个时代最先进的科技文化。而文成公主入藏绝不仅仅是简单的和亲行为，更是一次技术和文化传播，比如文成公主团队为吐蕃带来了蚕种、碾子、造酒、造纸等物质和技术。丝绸之路主要交易的就是丝绸，而丝绸的原材料是蚕。西方人一直想自己生产丝绸，但是蚕种作为丝绸最重要的核心机密，长期被中原政权实行严格的技术封锁。唐朝能够给吐蕃蚕种，可见是多大的诚意！碾子则使青稞更容易以面食的形式制作成食物。要知道中国人吃面的历史也就是在唐朝前后，可见磨面技术也是早早传入了吐蕃。纸张和水墨的传入，更是大大加快了吐蕃内部的文化传播。造纸术在751年后才传到阿拉伯，欧洲人第一次使用纸张已经到1150年，吐蕃却能在641年就能用上纸张，可见是多大的技术传播！

唐太宗如何对付突厥的来犯？

玄武门之变后，唐太宗立足未稳。然而东突厥的颉利可汗亲率 20 万大军直逼唐长安城，京师震动。李世民设疑兵之计，隔渭水与颉利可汗对话，达成"渭水之盟"，许以金帛财物。此后，唐太宗积累实力，终于在贞观三年（629），令李靖统兵 10 万出击突厥，在定襄大败突厥，最终俘获颉利可汗。你现在看到的莲湖公园的承天门遗址，就是当年举办献俘仪式的地方，在这里李世民列举颉利可汗五条罪状，东突厥至此灭亡。李世民仅仅在唐初就消灭了东突厥，唐朝之强真是难以想象。

跨越三朝的欧阳询

欧阳询的祖父和父亲都是南朝陈国人，父亲欧阳纥做到了广州刺史，却因谋反被杀，欧阳询本来该连坐，因被尚书令江总收养而幸免。江总教欧阳询书法，欧阳询得以近距离接触王羲之等一流书法家的作品。欧阳询聪明绝伦、悟性好，逐渐形成自己的风格，"笔刚险劲"。欧阳询的字好到什么程度？据传当时谁要能得到他的字，都拿来作为字帖学习。高丽国也十分推崇欧阳询的字，竟然派使者来求取，以至于唐高祖都感叹："没想到欧阳询在书法上的名气，远播海外，他们看欧阳询的书法，一定以为欧阳询是个身材魁梧的人吧！"

北周灭北齐，隋代北周，隋灭陈，欧阳询成为隋朝人后，做了隋朝的太常博士。欧阳询临写了大量魏碑字体，至此他的书法融六朝之秀丽与魏碑之险峻，形成了自己独特的风格。隋末大乱，欧阳询被宇文化及掳持。待到宇文化及被窦建德攻灭，他又成了夏王窦建德的太常卿。622年，李世民虎牢关大破窦建德，欧阳询再次死里逃生。因为在隋朝时与李渊交情甚厚，他被唐高祖李渊授予侍中一职，此时他已是65岁的老人了。他在陈朝生活了32年，在隋朝生活了29年，在唐朝生活了近20年，于641年逝世，终年84岁。

九成宫那么远,皇帝们为何爱去?

隋唐皇家离宫别馆很多,我们最熟悉的莫过于华清宫和九成宫。华清宫位于骊山脚下,有终年温泉,唐玄宗和杨贵妃往往在每年的十一月来到这里过冬取暖。九成宫的作用恰好相反。长安夏季炎热,九成宫却非常凉快。宫殿在群山峻岭中,气候舒适宜人。隋文帝喜欢来这里,唐太宗也非常喜欢来到这里避暑,还吩咐魏徵著文、欧阳询书写《九成宫醴泉铭》。唐太宗爱去九成宫的另一个原因是李唐家族病。太极宫低洼潮湿,不利于李唐皇族的"风病",夏季更是难耐。所以一旦天气炎热,李世民就到九成宫避暑。所以九成宫实际上是唐太宗的"避暑山庄"。

《九成宫醴泉铭》成碑始末

九成宫在隋朝叫仁寿宫,是隋文帝、隋炀帝夏日避暑的地方,位置在今天陕西省麟游县碑亭遗址。到了贞观五年(631),唐太宗李世民下令重新大加修复,改名为九成宫。修好后的第二年(632),李世民来到九成宫避暑,忽然在宫中见到一眼清泉,心情大好。他赶紧让魏徵撰文,由欧阳询书写,刊刻成碑,立在九成宫里,这就是《九成宫醴泉铭》。你可别以为魏徵只会直言进谏,其实他的文学功底也相当了得,无论用典还是铺陈都很有水平。魏徵的这篇文章叙述了九成宫的来历和发现醴泉的经过,描绘了九成宫的壮观,歌颂了唐太宗的文治武功和节俭精神,并提出了"居高思坠,持满戒盈"的谏诤之言。当然这块碑刻能够传世,主要还是欧阳询的书法。76岁的欧阳询抄写这篇文章,写得相当严谨,笔力刚劲清秀,结体险绝瘦峻,《九成宫醴泉铭》被称为天下第一楷书。

阎立本为何要创作《步辇图》？

640年，吐蕃赞普松赞干布派禄东赞到长安通聘求婚，当时的皇帝唐太宗答应了这一要求，最终让文成公主入藏，成为千百年来的佳话。为了纪念这一事件，阎立本将禄东赞拜见唐太宗的场景绘制成《步辇图》。现存的《步辇图》画是宋朝摹本，藏于北京故宫博物院，长 129.6 厘米，宽 38.5 厘米。这个绢本画卷的右半是宫女簇拥下的唐太宗，他坐在步辇之上。画卷的左半有三个人，左、中、右分别是通译者、禄东赞和典礼官。典礼官为禄东赞进行礼仪导引，朝向唐太宗，禄东赞身体微微前倾，通译者紧随其后。唐太宗面目俊朗，目光深邃，展露出盛唐一代明君的风范。《步辇图》是唐番友好的见证，是文成公主入藏的历史见证。

阎立本为什么能够成为一代画宗？

主要来自家传。他的父亲阎毗是北周和隋朝的将作少监、殿中少监，工作都与建筑、艺术有关，史书上说"以工艺知名"。他的兄长阎立德同样善于工艺，兄弟二人从小就跟父亲阎毗学习工艺。阎立本比哥哥阎立德做的官大，唐高宗时成为帝国的右相，但是这位宰相比较喜欢的还是画画。当时左相姜恪是武将出身，与阎立本形成了鲜明的对比，以至于当时人用这样的话调侃阎立本："左相宣威沙漠，右相驰誉丹青。"阎立本经常教育他的儿子不要学画画，自己却总画画。为何不能放弃？他说自己欲罢不能。

《历代帝王图》有多少个皇帝？

《历代帝王图》是唐代大画家阎立本的名作，原作已失，今存后人摹本藏于美国波士顿美术博物馆。这幅画作从右至左有 13 位帝王形象，分别是：西汉昭帝刘弗陵、东汉光武帝刘秀、魏文帝曹丕、吴主孙权、蜀主刘备、晋武帝司马炎、陈文帝陈蒨、陈废帝陈伯宗、陈宣帝陈顼、陈后主陈叔宝、北周武帝宇文邕、隋文帝杨坚、隋炀帝杨广，加上帝王身边的侍人，总计 46 人。这 13 位帝王按照朝代是这样的：

西汉：昭帝刘弗陵；

东汉：光武帝刘秀；

三国：魏文帝曹丕、吴主孙权、蜀主刘备；

西晋：武帝司马炎；

南朝陈：文帝陈蒨、废帝陈伯宗、宣帝陈顼、后主陈叔宝；

北周：武帝宇文邕；

隋：文帝杨坚、炀帝杨广。

为什么选择这 13 位帝王？尚不清楚。我们熟知的秦始皇嬴政、汉高祖刘邦、汉武帝刘彻却没有选入，北魏、西魏、东魏也没有帝王入选，倒是南朝陈国选了四任帝王（却没有选开国皇帝陈霸先）。

玄奘取经究竟取了多少年？

《西游记》讲唐僧师徒西游取经是用了14年［从贞观十三年到贞观二十七年（639—653）］，但是真实历史中的玄奘离开长安城是贞观元年（627），到达西行的目的地摩揭陀国的那烂陀寺是贞观五年（631）。这么看玄奘西游路途其实只用了4年。他于641年决定回国，645年正月回到长安，同样只用了4年。那么631年到641年在印度期间，玄奘在干什么呢？他在学习佛法和游历印度。玄奘圆寂于664年，645年到664年这20年时间，玄奘一直在翻译佛经，出没于长安弘福寺、大慈恩寺和玉华寺等寺院。相比于学习佛法和翻译佛经，玄奘往返于长安与印度之间其实只用了不到8年。

玄奘回长安，受到什么礼遇？

645年，到印度西行求法的玄奘法师终于回到阔别19年的大唐国都长安城。贞观十九年（645）春正月二十八日这天，玄奘法师受到了国师般的礼遇，迎接仪式在皇城的朱雀门举行。出席仪式的有京城留守左仆射房玄龄、右武侯大将军侯莫陈寔、雍州司马李叔慎、长安县令李乾祐等，朱雀大街两旁更是站满了长安老百姓。《大慈恩寺三藏法师传》说当时的人们"各竞庄严，穷诸丽好"。玄奘带回来的佛像、经书排列在路中间，迎接仪式结束后，送往太极宫和皇城以东的弘福寺。这一路上，人们又排成了几十里长龙，焚香散花，鼓乐喧天，人声鼎沸。

孙悟空的唐朝原型是谁？

《西游记》里孙悟空是人人都喜爱的角色，关于他的文化原型讨论得也特别多，最具代表性的是胡适的"哈努曼"说和鲁迅的"无支祁"说。但是孙悟空有没有历史原型呢？其实也是有的，那就是石磐陀和车奉朝。车奉朝在玄宗朝作为左卫泾州四门府别将护送罽宾特使返回西域，但是在西域他身患重病，养病期间立下誓言：如果能病愈，愿落发为僧。结果病还真好了，他皈依佛门，法号"法界"，重新回到大唐，唐德宗让他入驻长安章敬寺，重赐法号为"悟空"，他的传记被写为《悟空入竺记》，"悟空"两字就是这么来的。石磐陀是孙悟空的形象来源。玄奘西行至瓜洲，一个叫石磐陀的胡人拜玄奘为师。路上石磐陀悉心照料玄奘，遇到流沙，他斩木为桥、布草填沙，玄奘非常满意。但是由于惧怕官府逮捕玄奘，石磐陀突然改了主意，一度有了谋害玄奘的说法，玄奘念起观音菩萨，石磐陀最终放弃了杀害玄奘的念头，但两人最终分道扬镳。敦煌石窟有好几幅玄奘取经的壁画，几幅取经图都是"唐僧+行者+马"的搭配，行者显然是胡人样貌，头发体毛较长，很有可能就是石磐陀。

沙僧的原型是沙漠？

沙僧或沙和尚是《西游记》中取经团队的一个配角，不太引人注意。但是说到这个角色的来历，颇可一说。玄奘取经最大的困难是什么？绝对不是什么妖魔鬼怪，而是沙漠戈壁等自然环境和恒久的自信心。最难通过的要数塔克拉玛干沙漠，玄奘取经时期叫"莫贺延碛"。"莫贺延碛长八百余里，古曰沙河。上无飞鸟，下无走兽，复无水草。""八百里""沙河"与《西游记》中的"八百里流沙河"就对应上了。玄奘在莫贺延碛打翻了水袋，差点死掉。而到了《大唐三藏取经诗话》中，沙僧第一次以"深沙神"的形象出现。不过深沙神只是以普通妖怪之身阻挡唐僧，最终也没有跟着法师和猴行者一同踏上取经之路。到了《西游记》小说成书，沙僧不仅成了唐僧的徒弟，流沙河也从沙漠变成了河流。

高昌国国王是《西游记》里唐太宗的原型？

玄奘西游取经，历史上并不是唐朝的官方行为，而是玄奘自发的个人行为，所以也就不存在《西游记》中唐太宗对唐僧的"宁恋本乡一捻土，莫爱他乡万两金"的临别之言了。

那么，《西游记》里的唐太宗有没有历史原型呢？有，就是高昌国国王麴文泰。

高昌国虽处吐鲁番盆地，却是汉人为主体居民的小国。玄奘到达伊吾（新疆哈密）的时候，高昌国国王麴文泰就派出使者，邀请玄奘到高昌国。抵达高昌国后，玄奘又受到了高规格的礼遇，还受到了麴文泰强烈的挽留。麴文泰要求玄奘留在高昌国做国师，但是玄奘坚决不从，最后竟然绝食抵抗。麴文泰最终妥协，不仅放玄奘继续西行，还与玄奘"约为兄弟"，这就是"御弟"哥哥的由来。

玄奘答应回程经过高昌国，麴文泰则为形单影只的玄奘配备了一切物资、人员上的准备。

玄奘东归又经历了什么？

玄奘的东归，没有像《西游记》里演得那么传奇，也是从陆路回程的。不过玄奘没想到的是，虽然他履行十多年前与高昌王麹文泰的约定，但是高昌国已于贞观十四年（640）被唐朝灭亡，而玄奘出发时已经是高昌国灭亡的第二年。

玄奘的归国之行比较顺利，各国国王一路护送。玄奘只在过宽达五六里的信度河时因大风浪丢失了五十夹经书（这也成为《西游记》第八十一难的情节），在过大雪山时死了不少随行者，但剩下的随从也有七名僧人和20多名雇佣。贞观十九年（645）正月二十四日，玄奘抵达长安西郊，取经之行终于完成。

《西游记》里的唐朝什么样？

《西游记》对唐朝的描述主要集中在唐长安城，书中说"是大唐太宗皇帝登基，改元贞观，已登极十三年，岁在己巳，天下太平，八方进贡，四海称臣"。

随着缘起故事的展开，还提及很多长安的地点，比如殷开山宅、洪福寺、泾河、长安市、皇宫（金銮殿、便殿）、魏徵府、渭河、化生寺、雁塔寺（大慈恩寺）、誊黄寺等，这些地点很多都能够在真实历史的唐长安城内找到对应的地点。

《西游记》里的唐朝显然是一个繁华强盛的王朝，居于南赡部洲。所以唐僧西游各国，也总是受到各国国王的尊敬和礼遇。

唐太宗与玄奘关系并不密切

真实历史中唐太宗与玄奘的关系没有那么密切。首先，玄奘西游取经不是官方行为，而是玄奘的个人意愿。所以当玄奘回到大唐，拜见唐太宗的时候，两人发生了这样的对话——

唐太宗问："您去取经为何不告诉我？"

玄奘回答说："我出发前曾再三奏请，但是身份低微不被准许。但是我太想追寻佛法了，所以私自前行，犯下罪过我深表恐惧。"

玄奘归来毕竟是大事，所以唐太宗还是给予了相当大的支持，将玄奘安排在长安城离皇宫太极宫不远的修德坊中的弘福寺。玄奘译完《瑜伽师地论》，唐太宗读完才知道佛法相当高深，终于答应撰写《大唐圣教序》。

唐太宗晚年病入膏肓，召玄奘来翠微宫，为了让太宗心情平复，玄奘译出了最为经典的《心经》。对于这部只有200多字的佛经总要，唐太宗非常欣赏。但唐太宗终生是否信佛，这是一个历史悬案，这也直接影响到他与玄奘的关系。

译经团队里下场最凄惨的人

玄奘的弟子众多，著名的有窥基、圆测、辩机、普光、法宝、神泰、靖迈、慧立、玄惊、神昉等。辩机风韵高朗，文采斐然，受到时人的欢迎。

辩机在26岁时就入选译经团队，是玄奘译经团队中九名缀文大德之一。他在玄奘译场中担任缀文译出的经典有《显扬圣教论颂》1卷、《六门陀罗尼经》1卷、《佛地经》1卷、《天请问经》1卷、《瑜伽师地论》30卷（总100卷）。更使他名噪一时的是他帮助玄奘撰成《大唐西域记》。这部玄奘口述、辩机记述和润色的奉诏之作，记述了玄奘游历西域和印度的所见所闻，各地政治、历史、地理、物产、民族、风尚尽收眼底。《大唐西域记》问世后，影响极大，固然内容丰富，却也与辩机的文采优美有关。

据《新唐书》记载，高阳公主就非常喜欢辩机和尚，以至于和他发生私通的事情。私通之事虽然没有人证，却有物证——御史发现了高阳公主和辩机和尚两人有关的宝枕。唐太宗震怒，下令处死辩机和奴婢10余人。辩机与高阳公主的"风月案"是否是史实？暂且存疑，毕竟此案在早先的《旧唐书》没有记载，而《新唐书》和《资治通鉴》的作者欧阳修和司马光是有鲜明的排佛立场的。

永远陪在玄奘身边的是哪两位徒弟？

不是悟空和八戒，而是窥基和圆测。玄奘在铜川玉华寺圆寂后，初葬于白鹿原，后迁葬樊川的兴教寺。在兴教寺，玄奘的舍利以五层砖塔藏之。我们今天去兴教寺，会发现这个砖塔的两侧还有两个矮一点的三层砖塔。这两个三层矮塔便是玄奘的弟子窥基和圆测。窥基是尉迟敬德的侄子，是玄奘的入室弟子、玄奘的主要助手，专任笔受，先后参与翻译《成唯识论》《辩中边论颂》《阿毗达磨界身足论》和《大般若经》等佛经。尤精因明和唯识，有"百部疏主"之称。永淳元年（682），窥基圆寂于慈恩寺，即陪葬于玄奘塔右侧。圆测则是新罗人，是当时新罗国王的孙子。他来到中国后，拜于玄奘门下，对唯识的研究也有很高的造诣。万岁通天元年（696），圆测圆寂于洛阳佛授记寺，葬于龙门香山寺。他的弟子分得部分遗骨，携回长安，葬在终南山丰德寺东岭上。宋政和五年（1115），广慈法师又将丰德寺东岭上的圆测灵骨舍利分葬于兴教寺玄奘塔左侧。

玄奘为何没有圆寂在大慈恩寺？

贞观十九年（645）玄奘西游归来，被唐太宗安排在弘福寺，就一直在这里译经。贞观二十二年（648），太子李治为了追念自己的母亲、太宗的皇后长孙氏，请求在长安城偏南一点的晋昌坊兴建慈恩寺，还在寺内建了翻经院，邀请玄奘任寺内住持。玄奘就这样从弘福寺搬到了慈恩寺，开始了他长达10年的大慈恩寺译经生活。

为了供养、保存他从印度请回的经像、舍利和经书，玄奘于永徽三年（652）奏请已经当上皇帝的李治修一座佛塔，高宗李治应允下来，这就是玄奘主持修建的大雁塔。塔内有唐太宗亲自撰文的《大唐三藏圣教序》碑和唐高宗亲自撰文的《大唐三藏圣教序记》碑，大雁塔就这样在西安城屹立了1300多年。

显庆三年（658）正月，唐高宗从东都洛阳回到长安。玄奘也跟随回到长安，即将翻译部头最大的《大般若经》，玄奘向高宗申请，自己年事已高，京师长安事务性工作太多，不知道能不能在有生之年翻译完这部大部头，想申请到远离长安城的玉华宫（铜川玉华寺）。高宗同意了，就这样显庆四年（659）冬十月，玄奘从长安出发去往玉华宫。玄奘在玉华寺翻译《大般若经》，到龙朔三年（663）冬十月二十三日终于全部翻译完成，全书长达六百卷。但此时的玄奘身心俱疲，再也没有精力继续翻译佛经，次年二月初五于玉华寺圆寂。因为玄奘居住在大慈恩寺时间最长，记载玄奘生平事迹的传记就被称为《大唐大慈恩寺三藏法师传》。

慧能为何被称为六祖？

这个六祖是从佛教的禅宗而言的。禅宗初祖达摩从印度漂洋过海来到中国，在少林寺不远的一孔天然石洞面壁九年，修性坐禅，终于悟出能让中原人接受的佛法：东土禅宗。他创立东土禅宗，被称为达摩祖师，是为禅宗初祖。在六祖慧能之前，还有二祖慧可、三祖僧璨、四祖道信、五祖弘忍。五祖弘忍有两位优秀的弟子：神秀、慧能。慧能以"菩提本无树，明镜亦非台，本来无一物，何处惹尘埃"的偈子得到弘忍的赞许，密授法衣，得顿悟法门，是为六祖。而神秀主张渐悟，也称一代高僧。至此禅宗分为南派顿悟和北派渐悟，渐渐成为知识分子最喜爱的佛教宗派。六祖慧能也成为"不立文字"的代表性人物。

神秀的禅宗究竟怎么样？

神秀早于惠能跟从禅宗五祖弘忍学习佛法，他早年学习经史，50岁时来到湖北黄梅拜谒五祖弘忍，打柴汲水6年。他几乎完全继承了四祖道信、五祖弘忍的禅法，秉承的是东山法门。但是师弟惠能的到来出乎了弘忍和神秀的意料，惠能以顿悟得到了弘忍的衣钵，成为六祖，形成南宗顿悟和北宗渐悟的格局。惠能南下后，弘忍圆寂，神秀成为北宗领袖。但他非常认可和敬仰师弟惠能。武则天邀请神秀为国师，神秀却说："我没有这个资格，传承衣钵是师弟惠能禅师。"六祖惠能的名字第一次传到统治者耳中。神秀灭寂，神秀的弟子普寂、义福在帝王的支援下，继续弘扬四祖、五祖的禅法，以至于"两京之间，皆宗神秀"，可见神秀的北宗禅法影响力是非常大的。相对于主张"顿悟"的南禅，北宗"渐悟"更适合一般人。"渐悟"是慢慢来，一步一步来，其实更适合一般人，没有最上等智慧的人。"顿悟""渐悟"并没有高下之别。

唐太宗在大明宫里办公吗？

唐太宗创造了"贞观之治"，贞观之治成为中国历史上政治清明、社会和谐的治世。那么唐太宗是在哪里治理国家的？平时在哪里办公呢？很遗憾，不是在我们熟悉的大明宫。大明宫起初叫永安宫，是唐太宗为太上皇李渊兴建的离宫。然而李渊去世，工程戛然而止。唐太宗居住的宫殿主要是太极宫，最初几年在东宫。后来太上皇李渊迁居太安宫，李世民就正式入住太极宫。太极殿、武德殿、两仪殿是他主要的办公地点，玄武门则是太极宫的北门。今天在西安莲湖公园，还能看到承天门遗址，承天门以北就是太极宫了。

唐朝冷知识

二圣并立·高宗武后

李承乾为何是李世民最看重的皇子？

因为李承乾是李世民的嫡长子。"嫡子"就是正妻所生的儿子，"庶子"是其他妃子所生的孩子。就算庶妃所生的孩子是长子，也不能算嫡子，不能算合法继承人。李世民的皇后是长孙皇后，而李承乾是长孙皇后所生的长子，自然最受李世民喜欢。

李世民自己虽然是嫡子，不是长子，依靠玄武门之变夺得皇位，但自己依然要遵守古代社会嫡长子继承制的原则。619年，李承乾诞生于长安城太极宫的承乾殿。李世民以殿名为名，命名为李承乾，喜爱之情溢于言表。对于李承乾的培养，李世民也是花大力气的。李世民让秦王府十八学士的陆德明、孔颖达教导李承乾儒家经典，李承乾则"早闻睿哲，幼观《诗》《礼》"。626年，李世民即位皇帝，李承乾被立太子。李世民经常锻炼李承乾，令其"听讼"，甚至让其"断决"。李世民如果不在长安，则让太子监国，待在长安处理事务。

李泰编《括地志》有政治目的？

唐太宗虽然立长子李承乾为太子，但越来越偏爱魏王李泰。李泰为了获得唐太宗更多的青睐，听从了魏王府司马苏勖的建议——编辑《括地志》。像唐太宗这样的帝王一辈子追求的都是文治武功，文治要靠文化建设，武功则是开疆拓土。

《括地志》是一部地理学作品，最大程度地展现了贞观时期的大唐疆土。李泰招来著作郎萧德言、秘书郎顾胤、记室参军蒋亚卿、功曹参军谢偃等，大家一起编撰这套550卷的大部头地理图书。《括地志》将全国划分为10道358州，于贞观十六年（642）成书。唐太宗非常高兴，有这样一部大部头的地理书可以彰显贞观时代的伟大，于是更加偏爱魏王李泰。朝中逐渐分化成太子党和魏王党，继承人之争愈演愈烈了。遗憾的是南宋后，《括地志》散佚，今有辑佚本可管中窥豹。

李治为什么赢？

嫡长子李承乾早早被立为皇太子，本来没有什么问题。对李承乾的挑战来自同胞兄弟魏王李泰。魏王李泰爱好文学，组织一帮文人编写了《括地志》，受到太宗的宠爱。魏王李泰的影响力与日俱增，魏王李泰也渐渐有了与哥哥李承乾争夺太子的想法。

李承乾和李泰斗到什么地步？李承乾将李泰的画像埋到宫中，做成坟墓，竟然当死人一般祭拜。唐太宗最终决定废李承乾为庶人，似乎李泰取得了胜利。然而唐太宗对近臣说："如果立李泰为太子，那么李承乾、李治将来都会被李泰处死；如果立李治立为太子，那么李泰、李承乾都能活下来。"在舅舅长孙无忌的支持下，从未被看好的晋王李治被立为新太子。

永徽之治为何有贞观遗风？

唐高宗初期权力把持在长孙无忌手中。长孙无忌是唐太宗最为重要的大臣之一,而另一位顾命大臣褚遂良政治立场和长孙无忌是一样的。三巨头之一的李勣是军事出身,对政治并不感冒。长孙无忌延续贞观时代的政策,继续推行轻徭薄赋,尽量减少对百姓的役使。法制建设上,长孙无忌组织《唐律疏议》,也重视人才选拔,进一步推动科举制,还多次下诏求贤,确实是个能臣。一向被人们认为仁弱的李治,不仅政权平稳过渡,而且大唐的社会、经济、文化都继续沿着既定的轨道发展。650年到655年唐高宗用的年号叫"永徽",人们把这个年号下的历史时期称为"永徽之治"。

"观世音菩萨"为何改叫"观音菩萨"?

观世音菩萨是佛教中非常著名的菩萨,同文殊菩萨、普贤菩萨、地藏王菩萨常常出现在中国的佛寺中。"观世音"菩萨是后秦时期鸠摩罗什的旧译,在唐朝玄奘翻译为"观自在"菩萨,所以玄奘版《心经》第一句是"观自在菩萨,行深般若波罗蜜多时,照见五蕴皆空,度一切苦厄"。但是民间已经习惯了"观世音"的叫法,所以初唐一仍其旧。转折点出现在唐高宗时期。唐高宗为了避父亲名字"世""民"的字讳,但凡遇到"世"字、"民"字的地方都要换字或删字。中央六部中的"民"部被改为"户"部,连民间通行的"观世音"也被减省为"观音",这样"观世音菩萨"从唐高宗时代起就被减省为"观音菩萨"。

武则天家庭怎么样？

　　武则天的父亲武士彟是唐朝功臣。武士彟家族在山西世代经商，武士彟曾与同乡许文宝做木头生意。隋炀帝营建东都洛阳，武士彟贩卖木材发了大财。李渊曾在武士彟太原家中休息，两人成了朋友。李渊太原起兵，弃商从戎的武士彟加入了李渊的队伍，成为李渊做太原留守时的行军司铠参军，主管府中军事装备。李渊攻取长安，武士彟被封为寿阳县开国公，又晋爵为应国公。玄武门之变后，武士彟被贬到地方，女儿武则天进入后宫，成为唐太宗的才人。在门阀尚为流行的唐代，正因为家族的商人身份，武则天不是太受唐太宗重视。所以当武则天被立为皇后后，她就想办法提高武氏家族的地位——通过《姓氏录》将武氏列为一等家族。武则天死后，武家的地位仍然很高。武三思在唐中宗时期仍然影响力很大，武惠妃是唐玄宗的宠妃，唐宪宗时武元衡则做到了宰相。

武则天为何要去感业寺出家？

不是武则天自己想当尼姑，而是唐朝后宫制度使然。武则天本是唐太宗的才人，也就是唐太宗的妃子。唐太宗驾崩，唐太宗的嫔妃们按照宫内制度是这样决定去留的：如果嫔妃育有子女，那么有子随子、有女随女，嫔妃跟着自己的孩子到宫外居住。如果嫔妃没有子女，则要被安排到故去皇帝的别庙里守陵或国家指定的尼姑庵或道观中。武则天没有被安排到昭陵附近，而是被安排在感业寺，位置大概在汉长安城内。去了感业寺，武则天不甘于年纪轻轻就在寺庙里守寡，写了一首《如意娘》给唐高宗："看朱成碧思纷纷，憔悴支离为忆君。不信比来长下泪，开箱验取石榴裙。"唐高宗读了这诗，旧情复燃，在王皇后支持下，就把武则天接回了宫中。

为何说"废王立武"事件不亚于"玄武门之变"?

"废王立武"事件表面上看是一场宫廷斗争,斗争的结果是唐高宗废掉王皇后,改立武则天为新皇后,但这个事件却标志着长期统治中国的关陇贵族集团开始退出历史舞台,历史意义可能比"玄武门之变""武则天称帝"还大。关陇贵族集团最早起源于北魏孝文帝,北魏、东魏、西魏、北齐、北周、隋朝……尽管朝代更迭频繁,"西魏—北周—隋—唐"这一支却始终掌握在关陇军事贵族集团手中,西魏、北周的统治者宇文家创建了府兵制,唐高祖的爷爷李虎属于府兵制的八大柱国之一,隋文帝的父亲杨忠属于十二大将军之一。唐高祖、唐太宗身边遍布关陇贵族集团的臣子,唐高宗的舅舅长孙无忌、褚遂良就是关陇集团的重要成员。武则天斗倒长孙无忌、褚遂良,极力推崇科举制,迁都神都洛阳,任用山东寒族,实际上已经在改变以关陇贵族集团为核心的唐朝政治。废王立武、安史之乱、黄巢起义在三个不同阶段清除关陇贵族集团的影响力,到了两宋,国家则不得不依靠科举考试选拔人才了。

李唐皇族有什么样的家族病？

"风疾"是中古时期人们常患的一种病，大概是高血压或者与此相关的心脑血管疾病。在唐代的皇帝中，文献明确记载患有"风疾"的先后有唐高祖、唐太宗、唐高宗、唐顺宗、唐穆宗、唐文宗、唐宣宗七位皇帝。其中，唐高祖是第一个死于"风疾"的唐代皇帝，《资治通鉴》记载："上皇自去秋得风疾，庚子，崩于垂拱殿。"唐太宗也是"得风疾，苦京师盛暑"，所以夏天他去九成宫避暑。唐高宗更是年轻时就开始染上风疾，病情严重时甚至"目不能视"，以至于皇后武则天代拟诏书，一起上朝。唐顺宗即位前的几个月犯病，即位时竟然是躺着的。穆宗、文宗、宣宗更是达到了因风疾或失语、或瘫痪的程度。

天皇与天后源于中国？

最早称"天皇"和"天后"的是唐高宗和武则天。上元元年（674）八月壬辰，追尊唐高宗的六代祖宣简公为宣皇帝，妣张氏曰宣庄皇后；五代祖懿王为光皇帝，妣贾氏曰光懿皇后，还增加了高祖、太宗及后谥。为了区别于先皇、先后，现任皇帝唐高宗称天皇，现任皇后武则天称天后，天下之人谓之"二圣"。唐高宗死后，谥号为天皇大帝、天皇大圣皇帝、天皇大圣大弘孝皇帝。而武则天死后，谥号先后改为大圣天后、天后圣帝、圣后、则天皇后、则天顺圣皇后。"天后"的谥号渐渐被取代，突出她的"皇后"地位。但是唐朝的"二圣"用法被日本借鉴了，奈良时期（710—784）和平安时期（794—1192）日本有两次"二圣并称"的时期，天皇和皇后（天后）共同掌握国家大权，天皇的名称逐渐被保留在日本文化中，让我们误以为天皇是日本独有的叫法。

武则天为什么能够参与朝政？

武则天能够参与朝政，除了唐高宗的身体原因，还是因为她确实有治理国家的才能。永徽之后，进入显庆，唐高宗的风疾开始发作，有时就会让皇后武则天代为批阅奏章，后来甚至一同上朝治理朝政。上元元年（674）八月，李治称天皇，武则天称天后，这就是二圣并立。当年的十二月，武则天向唐高宗提出了"建言十二事"：

一、劝农桑，薄赋徭。

二、免除长安及其附近地区之徭役。

三、息兵，以道德化天下。

四、南、北中尚禁浮巧。

五、省功费力役。

六、广言路。

七、杜谗口。

八、王公以下皆习《老子》。

九、父在也为母服丧三年（此前为一年）。

十、上元前勋官已给委任状者，无追核。

十一、京官八品以上，增加薪酬。

十二、百官任事久，才高位下者，得进阶。

这十二条，归纳起来是四大政策：一是富国强民；二是善用人才；三是笼络百官；四是提高妇女地位。武则天自始至终把富民强国作为头等大事来完成。在她和唐高宗联合执政时期，大唐确实国力渐盛，人口激增，万民乐业。

有了太极宫，为何还要建大明宫？

一个重要的原因是太极宫地湿，夏天炎热，李唐皇族有风疾，容易发作，非常难受。武则天做了皇后，极力怂恿高宗在地势高爽的东北方向建宫殿。要建大明宫还有一个原因是武则天对太极宫王皇后、萧淑妃阴魂不散的恐惧。当年王皇后为了对抗萧淑妃，主动让唐高宗把武则天从感业寺接回宫中。没想到武则天重回太极宫，不仅帮王皇后扳倒了萧淑妃，也扳倒了王皇后。武则天心狠手辣，不仅依靠唐高宗削掉了王皇后和萧淑妃的名号，还把她俩都打入冷宫。唐高宗去冷宫看她们，武则天竟然折磨她们致死。虽然她们的肉体被消灭了，武则天却总觉得她们阴魂不散，始终在太极宫中徘徊。武则天觉得唯一逃离她们的办法就是改换宫殿——修建大明宫。

"千宫之宫"

说到中国历史上的宫殿，很容易会想到秦之阿房宫、汉之未央宫、唐之大明宫、两宋皇宫和明清故宫。阿房宫是个烂尾工程，姑且不在考察范围内。但就其他几个皇宫而言，唐代大明宫着实可以称得上"千宫之宫"。为什么敢这样说？首先就面积而言，大明宫（3.2平方公里）比北京故宫（0.72平方公里）要大得多，虽然未央宫（5平方公里）比大明宫还要大，但是大明宫的建筑更加奢华。例如麟德殿的造型，采用三座建筑相互依偎的方式使殿内使用面积达到了5000余平方米，面积几乎是现今太和殿的三倍。大明宫的主殿含元殿高度达到了45米，相当于如今15层楼的高度。

与明清皇帝主要居住在乾清宫和养心殿不同的是，大明宫的每个皇帝几乎都有自己的一座新殿，极为奢华。

含元殿是举办什么仪式的？

含元殿是大明宫三大殿的第一座大殿。含元殿距离大明宫正南门丹凤门 600 米，这意味着含元殿殿前广场有 600 米长。含元殿本身在三层大台之上，台基高出地面 10 多米。含元殿东西长 76 米，南北宽 43 米，东西两侧有翔鸾阁和栖凤阁。从殿堂和台基遗址看，它可能是我国古代宫殿建筑中规模最大的一座。很多来到大明宫遗址的人，会误以为这座大殿是唐朝皇帝举办常朝的地方，其实并不是的。含元殿一年主要办两次重要活动，那就是每年元日和冬至的大朝会。比如元日正月初一这天，文武百官、四夷君长、外国使节、科考举子分别按次序来到含元殿广场，人数可达 1 万人。只有五品以上的官员可以进入含元殿的大殿内，殿内殿外大呼万岁，随即大型乐队演奏乐曲，钟磬齐鸣、鼓乐喧天、载歌载舞，把庆典活动推向高潮。文武百官还要向皇帝册赠尊号，从唐玄宗开始，唐代皇帝几乎都有群臣所上的尊号。

宣政殿多少天一上朝？

唐朝真正每月上大朝的是宣政殿。不同于含元殿一年只在正月初一和冬至两天举办大朝会，宣政殿每个月要举办两次朝参活动，时间就是每月的朔日（初一）和望日（十五）。初一或十五这天黎明时分，中央文武百官进入大明宫，经宣政门来到宣政殿，3000人的队伍中三品以上官员进入殿内分立两侧。侍中高喊："进外办！"皇帝便升入御座之上。殿内官员依次向皇帝朝拜谒见，叩头问安。皇帝临朝听政，百官得以与皇帝近距离接触。朝谒完毕，皇帝从御座起立、走出，文武百官回到各自官署衙门，朔望朝参至此结束。除了朔望朝参，宣政殿还举办即位仪式（唐肃宗以后）、上尊号（元日、冬至外的时间）、册立太子、高官册授、接见朝贡者、制举考试、宣读时令礼仪、胜利庆贺等仪式，都非常重大。

史上最大国宴厅

麟德殿是大明宫中最大的宫殿，它位于大明宫西部。这座宫殿根据考古资料显示，南北长 130 米，东西宽 80 米，加上殿前能打马球的广场，总面积达 10000 平方米。历史上麟德殿常被称为"三殿"，是因为它由前殿、中殿、后殿构成，加上两楼（结邻楼、郁仪楼）和二亭（东亭、西亭），是一个三殿串联二层楼阁的组合建筑。麟德殿建于唐高宗时期，起初就是设计为大唐国宴厅，唐高宗、武则天曾多次在这里举办大型国宴。这里的宴会用来招待文武百官、四夷和外国使节，比如皇帝生日、重要节庆、军事胜利和册立太子等活动。麟德殿接待人数最多的一次是 3500 人。当时安史之乱刚刚平定不久，唐代宗为了振兴朝纲、激励士气，开始在麟德殿召见有功之臣。大历三年（768）五月三日，唐代宗在麟德殿款待剑、陈、郑节度使将士以及神策军将士 3500 人。这 3500 人究竟如何在麟德殿坐席，尚不清楚。总之这个规模是历史之最，非常不可思议。

拥有黑科技的含凉殿

含凉殿位于大明宫寝殿区，在主殿蓬莱殿以南、太液池以北，依水而建，风景优美，而且有个"黑科技"。根据《唐语林》的记载，该殿安装了机械传动的制冷设备。这种设备采用冷水循环的方法，用扇轮转摇的方法产生风力将冷气送入殿中。同时冷水送向屋顶，沿屋檐直下，还形成了人造水帘，既美观又凉快。这样满室清凉，是唐朝皇帝宫内的纳凉避暑之处。唐高宗和武则天的第四子李旦（唐睿宗）据说就出生在这个宫殿里。因为凉爽，故名含凉殿。含凉殿的存在，既反映了皇族生活的奢华，也反映出唐代人的智慧与创造力。

高宗朝一大冤案

长孙无忌虽然在"永徽之治"中立有大功,但是在废立皇后问题上与唐高宗有不同意见。永徽六年(655),唐高宗废掉王皇后,想立武则天为后。长孙无忌表示强烈反对,几次上奏唐高宗不可以立武则天。唐高宗还是想立武则天,甚至偷偷派遣使者送给长孙无忌一车金银宝器和十车绫锦,以图舅舅妥协。武则天的母亲杨氏甚至亲自到长孙无忌的住处,希望长孙无忌让步。褚遂良也站在长孙无忌一边,唐高宗只好去找李勣寻求支持。李勣明面上没有表示支持,却说"此陛下家事",这坚定了唐高宗谋立武则天为皇后的决心。武则天还是当上了皇后,对长孙无忌非常忌恨。她指使许敬宗诬陷长孙无忌谋反,却没有什么证据。但唐高宗宁愿相信许敬宗的诬陷,也不愿调查长孙无忌谋反的缘由。长孙无忌被发配黔州,儿子长孙冲流放岭外。长孙无忌最终在黔州被逼自缢而死,成为高宗朝一大冤案。

官职最高的书法家

说到褚遂良,我们第一个想到的是他的书法家身份。其实在古代并没有书法家这个职业,褚遂良的职业是做官,而且做得很大。褚遂良起初跟随薛举,李世民击败薛举、薛仁杲后,他归顺唐朝,成为李世民天策府中的一员。他的父亲褚亮是秦王府十八学士,褚遂良则被戏称为弘文馆的"馆主"。父亲褚亮与书法家欧阳询、虞世南交好,褚遂良也在宗法欧阳询、虞世南字体的基础上形成了自己的书法风格。636年,褚遂良担任起居郎,专门记载皇帝的一言一行。641年,他由起居郎迁为谏议大夫。他曾劝唐太宗暂停封禅,劝唐太宗立九子李治为皇太子,也劝唐太宗不要兴师动众讨伐高句丽。虽然唐太宗仍然发动了对高句丽的战争,但战争失败正印证了褚遂良的看法,反倒使唐太宗越发相信褚遂良。唐太宗临终托孤,以褚遂良和长孙无忌为顾命大臣。褚遂良得以在唐高宗初期做到尚书右仆射,左右帝国朝政,达到他政治生涯的顶峰。所以与欧阳询、虞世南这些初唐书法家相比,褚遂良是官做得最大的,可能也是中国历史上书法家里做官做得最大的。

唐高宗为何敢封禅？

封禅泰山是中国古代帝王最为隆重的盛典，屈指一数只有6位帝王到泰山封禅，分别是：秦始皇、汉武帝、东汉光武帝、唐高宗、唐玄宗和宋真宗。唐朝有唐高宗和唐玄宗两位皇帝，为什么没有著名的唐太宗呢？主要是因为魏徵、褚遂良等人的劝阻。唐玄宗达成了"开元盛世"，肯定有资格封禅泰山。为什么唐高宗也去封禅呢？从文治武功上比较，唐高宗延续了贞观遗风，达成了"永徽之治"，而且唐高宗时代的疆域达到了唐朝最大，这么看也确实有封禅的资格。唐高宗决定封禅泰山主要是武则天的推动。"废王立武"事件后，朝廷内仍有长孙无忌集团的残余势力。为了打压他们的气焰，武则天说服唐高宗去泰山封禅。唐高宗自认为不差于父亲李世民，便带几乎所有邻国的使臣和酋长参加此次封禅。实际上封禅泰山确实使唐高宗的地位有所提高，淡化了父亲的影响力，只不过武则天借助封禅获取了更多的政治资本。

唐代版图何时最大？

永徽六年（655），唐高宗继续太宗征伐高句丽的战争，并在663年的白江口之战大败日本军队。日本从此臣服于大唐，开始派遣留学生向大唐全面学习。白江口战役之后，朝鲜半岛的百济、高句丽相继被打垮，唐高宗完成了隋文帝、隋炀帝、唐太宗都不曾完成的任务，大唐领土延伸到朝鲜半岛，设立了州郡。西北边疆，唐高宗时代击败突厥，在今新疆境内设立北庭都护府、安西都护府。西南边疆，派金城公主与吐蕃和亲，挡住来势汹汹的吐蕃王朝。东北、西北、西南三个方向全力出击，使得唐高宗时代在唐朝历史上帝国版图达到最大。

隋唐皇帝为何一定要征服高句丽？

　　隋唐国家的皇帝比较向往秦汉，在汉代，中央王朝曾在辽东、朝鲜半岛设立辽东郡、乐浪郡，直接派官员在朝鲜半岛进行直辖统治。但魏晋南北朝分裂了300多年，中原王朝自顾不暇，对朝鲜半岛自然无暇东顾，朝鲜半岛逐渐分化出高句丽、百济、新罗等国家。隋文帝取代北朝，又征服南朝，结束了300多年的南北分裂。隋炀帝则认为还没有完全统一，拿下高句丽势在必行。610年，隋炀帝以高句丽本为箕子所封之地、现任高句丽国王不尊臣礼为由，率军征伐高句丽。虽然三次征伐高句丽的战争最终灭亡了隋王朝，但继任的唐朝君主仍然耿耿于怀，唐太宗最后死在征伐高句丽的路上，唐高宗时代才最终灭亡了高句丽。

《唐大秦景教流行中国碑》为何禁止出国？

《唐大秦景教流行中国碑》由景教传教士伊斯出资，景净撰述，吕秀岩书刻，高2.78米、宽0.99米，刻有1780个汉字碑文，在下方和左右碑侧还刻有叙利亚文。

这样一个刻有中文和叙利亚文的石碑为何是禁止出国的文物呢？主要是因为这座石碑是基督教传入中国的最早见证物，具有唯一性。景教是早期基督教中的聂斯托利派，在东罗马被视为异端，被绝罚出教会。但一部分聂斯托利派教徒逃到波斯，得到波斯国王保护，成为与摩尼教、祆教并称的波斯三大宗教。公元635年（贞观九年），景教主教阿罗本来到长安，受到唐太宗礼遇，得以在长安建寺。待《唐大秦景教流行中国碑》立碑之时，景教已经在唐朝活动了近150年。而这个流行过程就是碑文的第二部分内容，也是碑文最核心的内容。碑文大致分为三个部分：第一部分是景教教义；第二部分是景教传入过程和流行过程；第三部分歌颂伊斯，他是当时的长安主教。

《唐大秦景教流行中国碑》在"武宗灭佛"后被教徒埋入地下，至此景教沉寂。明朝天启年间，此碑偶然出土，被移入金胜寺（唐崇圣寺）。三百年后金胜寺遭遇清末农民起义，正殿和碑亭毁于战火，但《唐大秦景教流行中国碑》幸存下来，一度暴露旷野多年。此碑最终移至西安碑林收藏，至今仍屹立于西安碑林博物馆中，是游览碑林必看的碑石。据说此碑是"世界考古史上四大名碑"之一，2002年被国家文物局列入《首批禁止出国（境）展览文物目录》。

长安为何会成为佛教中心？

玄奘取经之后，又有更多的和尚往来于大唐与中亚、印度之间，比如义净就在官方支持下再次前往印度取经，取回的经书放到荐福寺里的小雁塔。佛教本来是外来宗教，唐朝人竟然十分接受，发展出八个宗派：三论宗、唯识宗、天台宗、华严宗、禅宗、净土宗、律宗、密宗。玄奘法师创立了唯识宗，而中国佛教史上最传奇的六祖慧能则发展了禅宗，禅宗对以后中国人的影响是巨大的。十分有意思的是，佛教从印度传到大唐，却随后在印度衰落了，大唐长安竟然成了佛教新的中心。

龙门石窟有哪些属于唐朝？

北魏孝文帝迁都后，也把石库艺术带到了洛阳，那就是龙门石窟。龙门石窟从北魏一直刻到清末，历经10多个朝代经历1400年。但论规模和精彩程度，还是要数唐朝雕刻的佛像。贞观十一年（637）唐高宗妃刘婕妤所造的弥勒像龛、洛州老人像龛是唐代最早的佛龛，而整个贞观年间的佛龛将近40个，集中在宾阳南洞、老龙洞。唐高宗、武则天佞佛，完成的洞窟也最多，有宾阳北洞、浅溪寺洞、敬善寺洞、双窑、清明寺洞、惠简洞、万佛洞、奉先寺卢舍那佛像，大中型洞窟在龙门山有奉南洞、八作司洞、龙华寺洞、北市三龛、摩崖三佛龛等，在香山有擂鼓台三洞、高平郡王洞、三佛洞、弥勒洞、看经寺洞和莲花南、北洞等。武则天后，龙门石窟的营造开始衰微。唐中宗时期极南洞、西方净土变龛、吐火罗宝隆像龛。唐玄宗时期有奉先寺洞无量寿像龛、牛氏像龛、杨思勖造像龛、韦利器造阿弥陀佛像龛。安史之乱后只有唐德宗贞元七年（791）在香山的卢征造观音像龛一处。

卢舍那大佛长着武则天的脸吗？

洛阳的龙门石窟大片的石窟群中最大的一个佛像叫卢舍那大佛，这个大佛的模样据传就是按照武则天的样子雕刻的。这座大佛开凿于唐高宗咸亨三年（672），起初是唐高宗李治为父皇李世民做功德依山就势而建。时为唐高宗皇后的武则天也为这个工程捐助了2万贯钱的胭脂钱。卢舍那大佛凿了3年9个月，通高17.14米，光是头高就达4米，耳长1.0米。佛像的脸庞雍容华贵，显然是个女像。咸亨三年武则天48岁，有人认为卢舍那大佛就是48岁时武则天的样子。卢舍那在佛教中是"智慧广大、光明普照"的意思，而武则天给自己取名为"曌"，正好与卢舍那的意思是一样的。莫非武则天真的希望自己化身为卢舍那大佛，普照大唐子民？

武则天最重视的经书

武则天想当皇帝，但是一直找不到理论依据，因为遍查儒家经典、诸子百家，都是男主当政。一个偶然的机会，武则天的面首、白马寺住持薛怀义跟和尚们在浩如烟海的佛经里找到了一部《大云经》。经里说"即以女身，当王国土""女既承正，威伏天下，所有国土，悉来承奉，无拒违者"，大概意思就是将来会有一天会以女身当国王、统治天下。薛怀义嫌经书不够直接，还编了《大云经神皇授记义疏》。在这个《大云经神皇授记义疏》里，对《大云经》的延伸就更加直白了，说武则天是"弥勒下生，作阎浮提主，唐氏合微，故则天革命称周""以女身当王国土，所谓圣母神皇是也""菩萨利生，形无定准，随机应物，故现女身也"。有此理论依据，武则天终于可以名正言顺地称帝了，她正式发布《大云经》，还在全国各地广建大云寺。全国一片"圣母神皇"的颂扬之声，武则天终于登上了帝位。

洛阳为何被称为东都、神都？

洛阳在隋唐时代的两个高光时刻是隋炀帝时代和武则天时代。无论隋初还是唐初，国家的政治中心都在长安。隋朝到了隋炀帝，他极力主张向东发展，于是他设洛阳为东都，洛阳也成为隋朝大运河的终点，南北运河的物资均汇集于此，洛阳成为隋炀帝时代最重要的城市。但是唐朝初建，唐高祖还是以长安为中心，唐太宗也终其一生在长安达到贞观之治。但是到了唐高宗时代，随着武则天逐渐走向政治前台，洛阳的地位又开始变得重要。高宗显庆年间（656）定洛阳为东都。唐高宗驾崩，武则天临朝称制，不回长安，反而改洛阳的"东都"为"神都"。后来武则天称帝于神都，洛阳成为武周王朝最重要的城市。神龙政变、武则天驾崩，唐中宗才把国都从洛阳迁回长安，长安再次成为首都，洛阳恢复为东都。

身在洛阳，唐高宗为何念念不忘长安？

683年，56岁的李治拖着沉重的身体，试图想登上洛阳紫微宫的则天门楼（应天门）。洛阳的百姓在门外欢呼，毕竟皇帝的这次大赦可以让一部分百姓得到好处。然而李治的身体太差了，喘气不顺，无法骑上马，只好对身边的侍臣问道："百姓们高兴吗？"侍臣答道："百姓蒙受您的大赦，都相当感动、欢喜。"不料唐高宗却说："苍生虽喜，我命危笃。天地神祇若延吾一两月之命，得还长安，死亦无恨。"唐高宗的意思是说：百姓虽然欢喜了，我的命却不长了。天地神仙如果能延长我的生命一两个月，能够让我回到长安，死了也没有遗憾了。长安是唐朝的宗庙所在，唐高宗念念不忘的还是长安。

铜匦有什么用？

垂拱二年（686）三月，由于用来举报的"登闻鼓"和"肺石"均有金吾卫防守，百姓害怕金吾卫而不敢近前。武则天下令制造铜匦，置于洛阳宫城前，随时接纳天下表疏。铜匦分为四种：延恩匦（献赋颂、谋求仕途者投之）、招谏匦（言朝政得失者投之）、伸冤匦（有冤抑者投之）、通玄匦（言天象灾变及军机秘计者投之）。铜匦可谓是古代信访制度的代表，全国任何一个老百姓都可以把告密的文字投入其中，武则天借此可以掌握最基层的民情。铜匦开辟了一条最高统治者了解民情的渠道。

武则天为什么要杀上官婉儿的爷爷？

武则天成为皇后，显庆年间（656—661），唐高宗风疾严重，有时眼睛也看不清东西，渐渐武后就参与决策，甚至独断专行。这让唐高宗和大臣们都有所忌恨。麟德元年（664），唐高宗召来上官仪讨论武后的道士郭行真随意出入皇宫的事情，没想到上官仪借题发挥，说："皇后独断专行，这是国家不允许的，请废掉皇后。"上官仪说出了唐高宗心里的话，唐高宗让上官仪草拟废后诏书。没想到宫中遍布武后耳目，武后迅速来到唐高宗这里。唐高宗很尴尬，害怕武后怨怒，解释说："我开始没有废你的想法，这是上官仪的主意。"没想到就是这么一句话把上官仪卖了，当月武则天就通过许敬宗的手诬陷、杀害上官仪及其儿子上官庭芝，抄没家产。上官庭芝正是上官婉儿的父亲，上官仪则是上官婉儿的爷爷。

狄仁杰为何成"神探"?

狄仁杰善于断案在史书上是有记载的。《旧唐书·狄仁杰传》说仪凤年间狄仁杰升任大理寺寺丞,在任的一年期间他判决了大量积压案件,涉及17000人。他的判决没有一个冤案,因为政绩突出,他又升任侍御史。狄仁杰不是进士出身,只是明经出身,能够屡屡升迁可能也是因为他的行政、断案能力,但是具体的案例是没有记载的。到了清朝,一部叫作《武则天四大奇案》的小说以极具想象力的故事重新塑造了狄仁杰。更有意思的是,荷兰作家高罗佩读到公案小说《武则天四大奇案》后,对主人公狄仁杰颇为折服,于是在此基础上又创作了更大部头的侦探小说《大唐狄公案》。此书一出,狄仁杰便成为了唐朝版的福尔摩斯。

中日史上第一场战争

中日历史上第一次战争要属663年进行的白村江之战。公元7世纪中叶朝鲜半岛形成新罗、百济、高句丽三个政权。新罗与百济位于半岛南部,659年百济进攻新罗,新罗向唐朝求援。唐高宗派苏定方进攻百济,百济向日本求助,形成"唐朝+新罗"与"日本+百济"的对战局面。当时日军有4万人、1000余艘战船,唐军仅有1.3万人、170余艘战船。唐朝在刘仁轨的策划指挥下,发挥船高坚固的优势,万箭齐发配以火攻,日军损失惨重。400余艘战船被焚毁,兵卒掉水溺死,残部投降。此一战后,百济随之灭亡,高句丽也在5年后被唐朝灭亡。日本开始意识到自己的实力实在不足以与唐朝抗衡,开始派"遣唐使"全面向唐朝学习。

668年,日本天智天皇即位,战争的惨痛教训迫使天智天皇重新考虑同唐朝的关系,审时度势地恢复与大唐帝国的外交关系,并且多次派"遣唐使"到长安、洛阳等地学习。而后的大化改新基本照搬大唐律令,日本成为唐朝的翻版。直至1592年丰臣秀吉侵略朝鲜之前,近1000年间,日本再未敢与中国开战。

武则天有几个孩子？

　　武则天生有6个孩子，4男2女。4男分别是长子李弘、次子李贤、三子李显、四子李旦，2女分别是长女安定思公主和次女太平公主。有意思的是，武则天的4个儿子都做过皇太子，李显和李旦还两次做过皇帝。废王立武事件后，原来王皇后的皇太子李忠被废，武则天的长子李弘做了新太子。但是李弘暴毙，次子李贤做了皇太子。680年，李贤又以谋逆罪被武后废为庶人，三子李显做了皇太子。高宗驾崩，李显即位为唐中宗。武则天把持政权，又废掉了唐中宗，立四子李旦做皇帝，是为唐睿宗。后来睿宗退位，太后武则天称帝，建立武周政权。长女安定思公主是早夭的那个小公主，武则天通过小公主早夭事件，扳倒了王皇后。次女太平公主非常有名，这里就不做过多介绍了。

武则天为何能废掉唐中宗？

唐高宗死前立了遗嘱："七日而殡，皇太子即位于柩前。园陵制度，务从节俭。军国大事有不决者，取天后处分。"就是这个遗嘱，让武则天钻了空子。关键在最后一句"军国大事有不决者，取天后处分"，"军国大事"并没有界定范围，武则天仅抓住"取天后处分"便掌握了最高的权力，55天之后她废掉了李显。废掉唐中宗的理由非常牵强，唐中宗准备扶持妻家韦氏家族，想让岳丈韦玄贞做宰相。这大大威胁到武则天，武则天联合裴炎动用军队将唐中宗赶下宝座，发配到远在湖北的房陵。武则天改立唐中宗的弟弟李旦，史称唐睿宗。这样武则天就能在不违背唐高宗遗嘱的前提下另起炉灶，改朝换代。

武则天时期的酷吏政治什么样？

武则天喜欢任用酷吏。这个酷可不是装酷的酷，而是极端使用严刑峻法的官吏。最有名的是周兴、来俊臣。周兴为了逼供，发明了"定百脉""喘不得"等十号大枷和种种骇人听闻酷刑法，使囚犯一看到这些刑具就"战栗流汗，望风自诬"。他可以任意给别人罗织一个罪名，以酷刑带供，或于狱中摧残而死，或斩杀抄家。虽然手法残酷，也迫害了很多好的大臣，但对普通官吏也有震慑作用。来俊臣则是无赖起家，原本是反复无常、凶险邪恶的游民，但由于一次对刺史王续的举报，受到武则天的青睐。在审理武则天交办的案子时，凡有不合他心意的，便对犯罪人实行株连，一杀就是千余家。

武则天如何改革科举制？

武则天时期的科举制度比隋朝、唐太宗时期的科举制发展得快，不仅科目增多，而且录取人数也增加了。武则天自己很喜欢文学。她在科目上增加诗词歌赋的比重，文人举子纷纷磨炼自己的文笔，没想到唐玄宗时期，唐诗这种文学体裁还真迎来了大发展，不得不说唐诗的发展与武则天的推动分不开的。长安二年（702），武则天还设置了武举，设置的理由是承平日久武人渐衰，武则天希望通过设置武举，发现更多军事人才。武举的设置不管对唐朝还是后世都有重大意义，比如武举就选出了中兴名将郭子仪。武则天还设置了殿试，殿试不仅能看到科考者本人，还可以测试出科考者临场真正的水平。

房玄龄的儿子为何要造反？

房遗爱是房玄龄的第二子，父亲房玄龄死后，他的大哥房遗直本应该继承银青光禄大夫，但是因为房遗爱的妻子高阳公主的要挟，房遗直不得不把银青光禄大夫一职让给房遗爱。高阳公主是唐太宗的女儿，却飞扬跋扈。房遗爱则"诞率无学"，颇好武力。高阳公主虽然与房遗爱是夫妻，私生活却极其混乱。比如高阳公主与玄奘法师的高徒辩机就曾私通，证据是高阳公主赐予辩机的金枕头。辩机被判腰斩，高阳公主从此失宠。唐高宗继位后，高阳公主和房遗爱被贬，非常不满，便联络与高宗不和的薛万彻、柴令武打算发动政变，企图废掉高宗，拥立唐高祖的第六子李元景为帝。但是计划泄露，房遗爱、高阳公主、李元景、李恪、薛万彻、柴令武、巴陵公主全部被杀。

李勣的孙子为何反对武则天？

总章二年（669），李勣去世，他的孙子李敬业承袭祖父的爵位应国公，做官到太仆少卿、眉州刺史。唐高宗于683年驾崩，唐中宗李显即位，但次年李显被废，武则天立李旦为帝，实际上掌握了全部权力。李敬业和弟弟李敬猷、长安主簿骆宾王相继因事获罪，李敬业被降职为柳州司马，李敬猷被免职，骆宾王被降职为临海丞。李敬业同故旧相聚于扬州，以恢复庐陵王李显的帝位为借口，策划反对武则天的叛乱。李敬业征伐扬州一州的兵马，恢复使用李显的年号嗣圣元年，并且让骆宾王写了著名的《为李敬业讨武曌檄》。但是李敬业的叛乱犯了兵力分散的错误，他派唐之奇留守江都，自己则领兵渡过长江，攻打润州。武则天赶紧任命李孝逸为扬州道大总管，30万大军最终消灭了李敬业的叛军。武则天追削了李敬业祖父李勣和父亲李震的官职封爵，剥夺李敬业的"李"姓，恢复"徐"姓，所以历史上常叫李敬业为徐敬业，毕竟他的祖父李勣本来就叫徐世勣。

骆宾王骂武则天，为何还被武则天点赞？

武则天一步一步要登上帝位。李勣的孙子李敬业造反，骆宾王成了李敬业的写手，写了一篇《为李敬业讨武曌檄》。这篇檄文文采飞扬，骆宾王骂得爽，别人也看得爽。但武则天的反应却出乎意料。武则天让人念给她听，初听此文时，还没怎么在意。当听到"蛾眉不肯让人，狐媚偏能惑主"的时候，武则天简直笑出声儿来。又听到"一抔之土未干，六尺之孤安在？"的时候，武则天大加赞赏，说这文章写得好啊！而听到文章最后"试看今日之域中，竟是谁家之天下！"时，武则天惊问是谁写的。知道是骆宾王写的，武则天惋惜地说："有如此才，而使之沦落不偶，宰相之过也！"让这样有才能的人不能为我所用，这可真是宰相的失职啊！

为何说王勃是"初唐四杰"第一神童？

提到王勃，我们最为熟悉的是他的《滕王阁序》《滕王阁诗》和《送杜少府之任蜀州》。但是王勃从幼年时便十分聪慧。他六岁时能作诗；九岁时读颜师古的《汉书》注，撰写了《指瑕》十卷，指出了颜师古注的诸多错误之处；十岁时饱览六经；十二岁至十六岁跟随曹元学医，学习了《周易》《黄帝内经》《难经》；十六岁应幽素科试及第，授职朝散郎，开始了他的公务员生涯。《送杜少府之任蜀州》一诗便是他在任职期间送好友杜少府的一首送别诗，而《滕王阁序》则是他前往交趾看望父亲，途经南昌阎都督新修的滕王阁时所留下的一篇即兴诗赋。

陈子昂为何要写《登幽州台歌》?

陈子昂是活在高宗武后时期的人,23岁考中进士时,武则天已经成为皇帝。陈子昂做右拾遗,非常敢于提出意见、谏言,但很多谏言不被武则天采纳,所以仕途不算顺利。696年,契丹叛乱,武则天派侄子建安王武攸宜率大军征讨契丹叛将李尽忠、孙万荣,陈子昂在武攸宜幕府中担任参谋。但武攸宜缺少谋略,屡屡兵败,情况紧急。陈子昂提出万人做前驱以击敌,武攸宜不听。陈子昂二次进言,武攸宜还是不听,反而将陈子昂降为军曹。陈子昂接连受挫,报国宏愿成为泡影,登上幽州台,写下悲壮的《登幽州台歌》:"前不见古人,后不见来者。念天地之悠悠,独怆然而涕下!"

中国历史上唯一的女皇帝

武则天是624年生人,驾崩于705年,活了81岁。她14岁入宫,是唐太宗的才人。太宗死后,武则天入感业寺为尼。唐高宗即位,再次召武则天回宫。永徽六年(655)在"废王立武"事件中,武则天成为皇后。永淳二年(683),唐高宗驾崩,唐中宗李显即位,武则天先后废唐中宗、唐睿宗,并于载初元年(690)称帝,改唐为周,改元天授,成为中国历史上第一个女皇帝。

武则天能成为皇帝,付出的社会代价是很大的。武则天以雷霆手段排除异己,先是当上皇后,将王皇后和萧淑妃杀死,同时将反对她的唐太宗托孤旧臣长孙无忌、褚遂良贬官,然后在唐高宗死后废掉唐中宗、唐睿宗,中间杀了很多李姓皇族的人,也镇压了徐敬业、越王李贞等多次叛乱。为了当上皇帝,武则天频繁替换宰相,建立起完全效忠于自己的执政集团。她还通过天后与天皇并提、泰山封禅、"圣母临人,永昌帝业"的白色石头和《大云经》的"弥勒佛投胎人世转生女主"等事件制造舆论,在六万人的拥戴下登上帝位。

神龙元年(705),宰相张柬之与崔玄暐等人发动"神龙政变"，他们杀死二张（张易之、张昌宗），逼迫正生病的武则天退位。李显代理国政，重新成为唐中宗，武则天则被迁居上阳宫，结束了皇帝生涯。这么看武则天当皇帝的时间为690—705年，实际做了15年皇帝。整个中国历史上也只有武则天这一位正统女皇帝。

来自薛怀义的助力

武则天有4个男宠,分别是薛怀义、沈南璆、张易之和张昌宗兄弟。

薛怀义本名冯小宝,是一位身材魁梧的货郎,他本是一位侍女的情人,但是这个侍女的主人是唐高祖的女儿千金公主。千金公主向武则天推荐了冯小宝,冯小宝于是成了武则天的第一个男宠。武则天为了方便他出入宫中,给他剃度为僧。又给他改名为薛怀义,让他和太平公主的丈夫薛绍一个族,还让薛绍称他季父。薛怀义与当时洛阳的法明、处一、惠俨等高僧大德一起在宫中的道场念诵佛经,出入宫中,人们都呼他为"薛师"。武则天让他主持明堂的修建任务,还重修了白马寺。新白马寺建成后,薛怀义做了白马寺的寺主。

沈南璆是武则天的第二个男宠,本是一名侍御医生,正史记载较少。武则天看上沈南璆后薛怀义大受刺激,一气之下烧毁了明堂和天堂。

张易之和张昌宗是兄弟,张易之小名五郎,张昌宗小名六郎。两兄弟聪明帅气,非常受武则天的喜欢。以至于武则天晚年,朝臣没有二张的允许,根本见不到武则天。张柬之等人迫不得已，发动"神龙政变"才逼武则天退位，唐中宗复位，杀死"二张"。

武则天想做皇帝，需要有舆论准备。但是儒家经典向来强调男尊女卑、夫为妻纲，薛怀义在这个时候为武则天提供了一大助力。薛怀义在做白马寺寺主期间，找到了女主称帝的理论依据，那就是《大云经》。在这部经书里，弥勒转世为女身，做阎浮提主，也就是做女皇。武则天大喜过望，令每个州都建大云寺，每个寺都要学习《大云经》。武则天依靠《大云经》提供的依据成功当上女皇，而薛怀义也被封为县公。

神龙政变

武周长安五年（705）正月，武则天病重，张柬之、桓彦范、崔玄暐、敬晖、袁恕己等人以武则天面首张易之、张昌宗兄弟要叛乱的名义发动政变。80岁的张柬之和武将们率领500多名羽林军突然来到洛阳紫微宫外的玄武门，并派李多祚等人到东宫去迎接太子，太子李显随同李多祚等人也来到玄武门。张柬之和武将们径直闯入武则天的寝宫，张易之和张宗昌见张柬之进来，正欲发问，士兵冲上去就把"二张"砍死。武则天在内听到响声，正欲起身，张柬之近前奏报："张易之和张昌宗谋反，我等奉太子之命，已将逆贼杀死。"武则天就这样被迫退位，李显第二次登上了皇帝宝座。

政变之后，唐中宗复位，武则天则被迁往洛阳城西的上阳宫，次年驾崩在那里。论功，80岁的张柬之被提拔为天官尚书、同凤阁鸾台三品、汉阳郡王，封给实纳租税的食户五百户。但是武则天的侄子武三思仍然在朝中，武三思借助与上官婉儿的关系保持着对中宗、韦后的政治影响力，令张柬之等五大臣渐渐失宠，武三思还以五大臣诬陷韦后为由，向唐中宗中伤五大臣。唐中宗于是下诏，同时免去张柬之等五大臣的宰相职务。

张柬之愿回襄州养病,唐中宗任命他为襄州刺史,后来又被流放到泷州(广东罗定)。张柬之忧愤而死,死的这一年是706年,也就是神龙政变的次年。

为何说唐中宗李显和唐睿宗李旦是"回锅肉"皇帝?

李显和李旦都在武则天称帝前后先后当过两次皇帝。唐高宗683年驾崩,皇太子李显即位,是为唐中宗。但是武则天临朝称制,为了长期把持最高权力,旋即废李显为庐陵王。武则天改立李旦为帝,是为唐睿宗。但唐睿宗李旦居于别殿,并不过问政事,最终让位武则天。建立武周,武则天成为中国第一个女皇帝,李旦则赐姓武氏,是为武旦,但仍为皇嗣。698年,武则天在选武家侄子还是李氏皇子为继承人问题上犹豫不绝,最终决定恢复李显的皇太子地位,李旦改为相王,李显重新回到洛阳。705年神龙政变,李显复位唐中宗,武则天被搬到上阳宫。武则天死后,李显重新迁回长安,但710年被韦皇后和安乐公主毒死。相王李旦的三子李隆基和姑姑太平公主联手,发动唐隆政变,诛杀韦皇后和安乐公主,相王李旦复位,第二次做了唐睿宗。

李重俊为何发动兵变？

李重俊不是韦皇后所生，乃是庶出，母亲不详。安乐公主是嫡出，是唐中宗和韦皇后所生的幼女。安乐公主嫁给武崇训后，武三思、武崇训也经常怂恿安乐公主贬低、侮辱李重俊，这让已经是太子的李重俊非常恼火。安乐公主想做皇太女，甚至还传到李重俊耳朵里。安乐公主如果被立为皇太女，将重现武则天女主称帝的局面，这势必会影响到李重俊的皇太子地位。李重俊决定先下手为强，对同父异母的安乐公主和武三思、武崇训起了杀心，发动了第三次玄武门之变——史称"李重俊之变"。可惜李重俊虽然杀掉了武三思和武崇训父子，却没有抓住韦皇后。韦皇后裹挟着唐中宗，李重俊军队倒戈，李重俊失败被杀。

唐中宗时期为何会出现三千宫女大逃亡？

唐中宗景龙四年（710）上元节（元宵节）这一天，唐中宗和韦皇后微服私访，出宫观灯。这一夜，唐中宗还下令让宫女们出宫观灯，没想到三千宫女这一出去就再也没有回来。史料说这三千宫女都去会情人去了，就这样元宵节就过成了情人节。唐代社会风气开放，但里坊管理严格，只有上元节（元宵节）前后三天允许官员、百姓夜间随意走动。宫女们平日在宫中想必也特别压抑，得到唐中宗的允许，宫女们便放飞了自我。

上官婉儿到底嫁给了谁？

上官婉儿的祖父上官仪是唐初著名的大臣，但因得罪武则天，连带儿子（婉儿的父亲）上官庭芝一同被杀。上官婉儿和母亲被充入掖庭后宫，长大后跟随武则天身边。武则天神龙政变被逼退位，上官婉儿又倒向唐中宗一边，深为中宗、韦后信任，被唐中宗授为昭容，也就是唐中宗的妃子。但是唐中宗允许上官婉儿住在宫外，宅子在群贤坊（今丰庆公园一带）。在外宅时，上官婉儿先与武三思私通，后又与吏部侍郎崔湜私通，私生活非常混乱。由于她在宫中"专掌制命"，武三思所代表的武家地位仍然非常高，崔湜也因为她的关系得以升迁、受赏。

小雁塔缘何而建？

大雁塔是为了安置玄奘由印度带回的佛经所建的佛塔，小雁塔的理由也是这样。唐中宗景龙元年（707），为了存放高僧义净从印度带回来的经卷、佛图，道岸和尚受命在荐福寺主持建造小雁塔。由于鉴真早年是道岸和尚的徒弟，所以鉴真肯定是见过小雁塔的修建过程的。荐福寺南北跨开化坊和安仁坊，开化坊是荐福寺的主体，安仁坊部分是荐福寺的塔院。可惜唐末战乱，开化坊的荐福寺主体部分遭到毁坏，只有南部安仁坊塔院里的小雁塔得以保存。小雁塔多次经历地震，尤其在明朝嘉靖三十四年（1555）的关中华县大地震中受到的损毁最大。那次关中大地震震坏了小雁塔的塔尖，至今都没有恢复。

太平公主的房产

"公主当年欲占春,故将台榭押城闉。欲知前面花多少,直到南山不属人。"韩愈在《游太平公主山庄》一诗中辛辣地讽刺了太平公主所拥有的多套房产。太平公主是武则天最小的女儿,极其受宠爱。太平公主在长安至少有三处宅院,分别位于兴道坊、兴宁坊和醴泉坊。长安城外,终南山中还有她的一处山庄,从乐游原直通终南山。太平公主不只在长安有多处房产,在东都洛阳也有多套房产。离宫城最近的太平公主宅位于尚善坊。尚善坊在洛水南岸,与皇城、紫微宫隔河相望。坊内除了有太平公主宅,还有太史监、崇贤馆、宗正寺、内仆局等官方衙署。2021年考古研究还发现了一处太平公主的宅院,那就是位于洛阳正平坊的遗址。太平公主的这处宅院占了正平坊的一半,竟然大过了同在这坊的孔庙、国子监。

"请君入瓮"是怎么来的?

周兴和来俊臣是武则天两个最为狠毒的酷吏,他们残害了很多正直的文武官吏和平民百姓,但是到了后期武则天渐渐停止酷吏政治。有人告发周兴与丘神勣谋反,武则天让来俊臣审问周兴。来俊臣没有直接审问周兴,而是在和周兴吃饭的时候问道:"如果囚犯不承认罪行,应该用什么办法?"周兴倒兴奋了,说:"这个简单!取一个大瓮,在四周放上热炭,把囚犯放到大瓮中,你看他什么事会不招呢?"来俊臣立马找到了一个大瓮,像周兴说的一样在大瓮四周放上炭,然后对周兴说:"有人告发周兄,那么就请周兄进入大瓮吧!"周兴十分害怕,赶紧磕头认罪。这就是"请君入瓮"的来历。

孙思邈为何被称为"药王"?

孙思邈是中国古代伟大的医学家和药学家。他出生在北朝,一直活到唐高宗时代。他最重要的两部著作是《千金要方》和《千金翼方》,合称为《千金方》。他上承《黄帝内经》、张仲景《伤寒杂病论》,下启宋元医学乃至李时珍的《本草纲目》。他在《千金方》中第一次完整地提出了以脏腑寒热虚实为中心的杂病分类辨治法,他也是第一个麻风病专家。他还首次主张妇科、儿科单独设科,单独写有《妇人方》三卷和《少小婴孺方》二卷,置于《千金要方》之首。他以身作则,非常长寿,可能活了100多岁。卢照邻说他"邈道合古今,学殚数术。高谈正一,则古之蒙庄子;深入不二,则今之维摩诘"。隋文帝、唐太宗、唐高宗也曾多次征召他到中央做官,但他大多推辞,长期隐居。

"烧尾宴"都有什么菜？

根据北宋陶谷的笔记《清异录》记载，唐代韦巨源曾留下一份"烧尾宴"的不完全清单，是韦巨源做尚书令时的一份食单。这份食单有58道菜，分别是：

（1）单笼金乳酥（是饼，但用独隔通笼，欲气隔）

（2）曼陀样夹饼（公厅炉）

（3）巨胜奴（酥蜜寒具）

（4）婆罗门轻高面（笼蒸）

（5）贵妃红（加味红酥）

（6）七返膏（七卷作四花，恐是糕子）

（7）金铃炙（酥搅印，脂取真）

（8）御黄王母饭（遍缕印脂盖饭面装杂味）

（9）通花软牛肠（胎用羊膏髓）

（10）光明虾炙（生虾则可用）

（11）生进二十四气馄饨（花形馅料各异，凡二十四种）

（12）生进鸭花汤饼（厨典入内下汤）

（13）同心生结脯（先结后风干）

（14）见风消（油浴饼）

（15）金银夹花平截（剔蟹细碎卷）

（16）火焰盏口䭔（上言花，下言体）

（17）冷蟾儿羹（冷蛤蜊）

（18）唐安餤（斗花）

（19）水晶龙凤糕（枣米蒸破，见花乃进）

（20）双拌方破饼（饼料花角）

（21）玉露团（雕酥）

（22）汉宫棋（钱能印花煮）

（23）长生粥（进料）

（24）天花饆饠（九炼香）

（25）赐绯含香粽子（蜜淋）

（26）甜雪（蜜燳太例面）

（27）八方寒食饼（用木范）

（28）素蒸音声部（面蒸像蓬莱仙人，凡七十字）

（29）白龙臛（治鳜肉）

（30）金粟平䭔（鱼子）

（31）凤凰胎（杂治鱼白）

（32）羊皮花丝（长及尺）

（33）逡巡酱（鱼羊体）

（34）乳酿鱼（完进）

（35）丁子香淋脍（醋别）

（36）葱醋鸡（入笼）

（37）吴兴连带鲊（不发缸）

（38）西江料（蒸鱼屑）

（39）红羊枝杖（蹄上栽一羊，得四事）

（40）升平炙（治羊、鹿舌拌三百数）

（41）八仙盘（剔鹅作八副）

（42）雪婴儿（治蛙，豆荚贴）

（43）仙人脔（乳瀹鸡）

（44）小天酥（鹿鸡参拌）

（45）分装蒸腊熊（存白）

（46）卵羹（纯兔）

（47）青凉臛碎（封狸肉夹脂）

（48）箸头春（炙活鹌子）

（49）暖寒花酿驴蒸（耿烂）

（50）水炼犊（炙尽火力）

（51）五生盘（羊豕牛熊鹿并细治）

（52）格食（羊肉肠脏缠豆筴各别）

（53）过门香（薄治群物，入沸油烹）

（54）缠花云梦肉（卷镇）

（55）红罗钉（脊血）

（56）遍地锦装鳖（羊脂鸭卵脂副）

（57）蕃体间缕宝相肝（盘七升）

· 167 ·

（58）汤浴绣丸（肉糜，治隐卵花）

至于这 58 道菜具体对应今天什么菜，有没有保留下来，就各有各的说法了。

唐中宗身故之谜

唐中宗李显本人是一个软弱的人。他曾在唐高宗驾崩后做了两个月的皇帝,但是很快被母亲武则天废掉,被贬到远离政治中心的房陵。在房陵,他魂不守舍,担心被杀。韦氏陪伴他、安慰他:"祸福并非一成不变,最多不过一死,您何必这么担心呢?"李显备感安慰,发下重誓:"如果日后我能重见天日,一定让你随心所欲,不加任何限制。"后来,李显回到洛阳后重新成为皇帝,就十分宠信韦皇后。韦皇后和安乐公主飞扬跋扈,唐中宗时期的政治乌烟瘴气。

《旧唐书》《新唐书》和《资治通鉴》都认为唐中宗李显是被韦后毒死的,韦后想仿照武则天当女皇帝,安乐公主也想当"皇太女"。前许州司兵参军燕钦融曾上书说韦后干预国政,安乐公主、武延秀、宗楚客危害李家天下。燕钦融的上书刺激到了韦后,而侍奉医药的马秦客和善做美食的杨均被韦后宠幸,韦后让马秦客和杨均侍奉唐中宗。二人借机上了一碗有毒的面条,唐中宗吃了,中毒而死。可现在也有的学者认为唐中宗不是死于毒杀,而是死于心脑血管疾病。李唐家族有心脑血管疾病的遗传基因,唐中宗李显死时55岁,死于心脑血管疾病也有可能。

中宗暴毙身亡不久，韦后虽然加强了长安城内外的守备，立了少帝，但是李隆基联合太平公主还是发动了"唐隆政变"，杀死了韦后和安乐公主。

为何说韦家和杜家是长安大族？

隋唐世家大族最尊贵的莫过于"五姓七望"——陇西李、赵郡李、清河崔、博陵崔、范阳卢、荥阳郑和太原王，在长安最大的两个家族就是杜家和韦家。韦家在唐朝曾出了韦皇后、韦应物、韦庄，以及17位宰相。韦家可以上溯到西汉的韦坚，他曾与霍光共立汉宣帝继位，做到丞相，封扶阳侯。韦坚的四子韦玄成也官至丞相，徙居长安杜陵。杜家则在唐朝出了杜如晦、杜审言、杜甫、杜佑、杜牧。杜家则可追溯到西汉杜周，杜周曾官至御史大夫，他的儿子杜延年迁徙杜家于杜陵。西晋曾有军事家杜预。杜家和韦家在两汉魏晋南北朝的历史上盘踞长安，形成两大家族。唐朝流行一句话叫"长安韦杜，去天尺五"。

为什么唐中宗总是惯着安乐公主？

安乐公主是唐中宗和韦皇后所生的最小的女儿，又是生在李显最为困难的房陵时期，可能李显觉得心里有亏欠，所以回到洛阳和长安后就十分纵容这个最小的女儿。安乐公主嫁给武三思的儿子武崇训，营建的居室竟然效仿宫内。她甚至还想把昆明池据为己有，唐中宗只得说："先帝从未将昆明池给过别人。"安乐公主不高兴，竟然私下开凿昆明池，绵延数里之地。她甚至还将没有写过字的诏令找唐中宗盖章，自己随意在诏书写上自己想要的东西。她甚至还想做皇太女，这直接威胁到皇太子李重俊的地位。

"唐隆政变"是第几次玄武门之变?

唐朝历史上曾发生过五次"玄武门之变"。一次在洛阳的玄武门，四次在长安。第一次玄武门之变是李世民在626年发动的政变，也是最有名的一次。第二次玄武门之变是发生在洛阳的"神龙政变"。第三次玄武门之变是太子李重俊在长安的太极宫发动的政变，这次政变他杀死了武三思及其儿子武崇训，但到达玄武门将士倒戈，李重俊失败。第四次玄武门之变是713年李隆基和姑姑太平公主联合发动的"唐隆政变"，这次政变斩杀了韦皇后和安乐公主，结果是李隆基的父亲李旦复位为唐睿宗。第五次玄武门之变是已经成为皇帝的李隆基对太平公主发动的政变，李隆基先发制人，向太平公主的党羽下手，太平公主最终被赐死。历史上称为"先天政变"。

唐朝冷知识

开元盛世·玄宗

李隆基为何一定要杀掉太平公主？

先天元年（712）八月，唐睿宗立皇太子李隆基为皇帝，自己则做起了太上皇。不过尽管让李隆基做了皇帝，自己却仍然把持一些权力——小事听新皇帝的，大事则要听太上皇的。而早在中宗时期，太平公主就有了开府的权力。睿宗时代，从太平公主府走出的官员遍布朝廷，朝中七位宰相竟然有五位出自公主门下。太平公主一呼百应，权力直逼新皇帝李隆基，已经影响到了李隆基的治国理政。姑侄矛盾不可调和，双方都跃跃欲试。太平公主与宫女元氏合谋，准备在进献给李隆基服用的天麻粉中投毒。而李隆基则先发制人，率先发动政变，在宫中剪除太平公主党羽，取得最后的胜利。

"先天政变"后,唐玄宗为何搬到大明宫?

先天政变后,为了表示对太上皇的尊崇,皇帝李隆基没有在太极宫办公和居住,而是改到大明宫。太极宫留给唐睿宗李旦,成了太上皇的专属皇宫。在大明宫,唐玄宗任用姚崇、宋璟、张九龄等一代名臣,开启了"开元之治"。太上皇李旦则终老于太极宫,于开元四年(716)驾崩于太极宫的百福殿。但唐玄宗仍没有搬回太极宫,倒是积极改建自己做王爷时的隆庆坊。唐玄宗在开元后期又改隆庆坊为兴庆宫并搬到那里,唐长安城最终形成西内太极宫、东内大明宫和南内兴庆宫的"三大内"皇宫格局。

姚崇十策都有什么？

先天政变后，唐玄宗面对混乱的政治局面，急需贤相能吏辅佐自己。他下求贤诏，遍选人才，最重要的就是武则天时代提拔的姚崇。姚崇此时被贬为亳州刺史，唐玄宗趁一次打猎的机会与姚崇面对面交流。姚崇虽然答应重回朝廷，但对唐玄宗提出了十个问题：

（1）武后执政以来，以严刑峻法治天下，从今往后能否施行仁政？

（2）青海边界已没有反复被扰的灾祸，你能否不再贪图边功？

（3）能否对宠爱亲信的不法行为严加制裁？

（4）能否不让宦官参政？

（5）能否在租赋之外不收大臣公卿的礼物？

（6）能否不任命亲属出任公职？

（7）能否以严肃的态度和应有的礼节对待大臣？

（8）能否允许大臣们"批逆鳞，犯忌讳"？

（9）能否禁止营造佛寺道观？

（10）能否接受汉朝王莽等乱天下的经验教训而禁止外戚内宠专权？

这就是"姚崇十策"。唐玄宗全部答应了姚崇这十条，姚崇重回朝廷。唐玄宗和姚崇、宋璟等一众大臣逐渐用行动回答了上述问题，最终达成了"开元之治"。

姚崇在开元时代为何只做了四年宰相？

姚崇虽是一代贤相，却教子无方。他的儿子姚彝、姚弈广交宾客，巴结权贵，收受贿赂，遭到当事人的非议。还有他的亲信赵诲也收受胡人的贿赂，皇帝亲自审问贿赂的案件并将之判处死刑，姚崇竟然为赵诲辩护！唐玄宗十分生气，姚崇从此主动提出辞呈，并推荐宋璟接替相位，唐玄宗同意，于是一代贤相姚崇就这样退居二线。有趣的是，继任姚崇的宋璟完全对事不对人，姚崇的政策他毫不更改，唐朝沿着姚崇和唐玄宗商定的既定轨迹继续向好的方向发展。

宋璟对开元之治有什么贡献?

宋璟与姚崇不同,宋璟为人正直,但并没有像姚崇一样提出什么"十策",倒是继续延续姚崇的治国路线,颇有点西汉"萧规曹随"的味道。这里我们不得不佩服唐玄宗真是善于用人:既然姚崇十策都对,就没必要另起炉灶,找到合适的人坚持下去就行了。姚崇唯一的缺点就是对身边人约束不够,那么找个正直的人就好了,而宋璟恰恰符合要求。宋璟为相,最大的特点是刑赏无私,敢于直谏,有时甚至让唐玄宗也敬畏,就有点唐太宗害怕魏徵直谏那种感觉,所以他在位期间,百官各司其职,史书说宋璟"善守文以持天下之正"。能够把一个正确的决策坚持下去也不简单,社会不折腾,百姓也更幸福。宋璟活到开元二十五年(737),见证了唐玄宗时代走上了"开元之治"。

李隆基为何不喜欢奶奶武则天？

李隆基是唐睿宗李旦的第三子，李旦是武则天的第四子，因此从直系血亲上看武则天是李隆基的亲奶奶，李隆基是武则天的亲孙子。但是武则天杀死了李隆基的母亲窦氏，这让幼小的李隆基很早就没有了母亲。武则天为什么要杀害窦氏呢？唐睿宗的皇后是刘氏，窦氏则是德妃。皇后刘氏为唐睿宗生了宁王宪和寿昌公主、代国公主，德妃窦氏则生了李隆基和金仙公主、玉真公主。但是长寿二年（693），户婢团儿向皇帝武则天诬告说刘氏和窦氏同谋、施行法术诅咒武则天。武则天没有立即召唤刘氏和窦氏，而是在两人于正月初二拜见武则天的时候被武则天秘密处死。刘氏窦氏死得不明不白，无人知道她俩的下落。李隆基从此对奶奶武则天产生忌恨。还在他7岁的时候，有一次李隆基带着一群侍卫入宫觐见武则天，武则天的侄子武懿宗负责把守宫门，想杀杀李隆基的威风，结果李隆基指着武懿宗的鼻子怒斥："吾家朝堂，干汝何事？敢迫吾骑从！"武则天没有生气，反而更加高看这个小孙子。

武则天的孙子为何可以预报天气？

武则天的孙子李守礼会天气预报。比如还在阴雨连绵时，他突然会说天要晴了，果然天就晴了。大地旱了好久，他又突然说要下雨了，果然马上就下雨了。大家还以为他有什么法术能预知天气，唐玄宗还煞有介事地把他叫来询问。此时已经是唐玄宗时代，距离武则天时代过去了很多年。李守礼就对玄宗皇帝说："我从小就被囚禁在宫里，经常被打，身上到处都是旧伤疤痕。一到下雨天伤疤就疼，天要晴了就不疼了。哪有什么法术？"说完号啕大哭，惹得唐玄宗也跟着哭。可见李氏皇族在武则天时代受了多少罪！

李隆基为何废掉第一任皇后？

唐玄宗在武惠妃、杨贵妃之前曾有一位明媒正娶的皇后王氏。当李隆基还是临淄王的时候，王氏就成了临淄王妃。王氏的父亲是王仁皎，官做到了太仆卿，累加开府仪同三司、邠国公。弟弟名叫王守一。然而就是这个王守一改变了王皇后的命运。王皇后一直没有为李隆基生下儿子，已经从临淄王妃变成皇后的她与弟弟王守一就觉得惴惴不安。王守一找来左道僧明悟做预测。明悟开始祭祀南斗、北斗，刻上霹雳木，写上天地二字和皇帝的名字，将两块霹雳木合在一起让王皇后佩戴，还说："佩戴此木，可以生子，而且将来可以和武则天一样。"这话传到了唐玄宗耳朵里，让唐玄宗非常生气。唐玄宗下达了废后的决定，将王皇后废为庶人，还赐死了王守一，这一年就是开元十二年（724）。三个月后，王庶人也死了。唐玄宗再也没有立后，哪怕他日后特别宠爱武惠妃和杨贵妃。

武惠妃为何当不了皇后？

主要是因为武惠妃自己的血缘家族。武惠妃亭亭玉立、善于歌舞，非常受唐玄宗的喜欢，为唐玄宗生下四子三女。但是唐玄宗始终不敢立武惠妃为皇后，主要还是因为武惠妃的武氏身份。武惠妃的父亲是武攸止，他是武则天的堂侄，因此武惠妃是武则天的侄孙女。因为武则天女主称帝，以周代唐对唐朝影响太大，朝臣对武家人有警惕。唐玄宗也想立武惠妃为后，但是御史潘好礼上书武三思和武延秀都是干纪乱常之人，世人共恶之。而且当时的太子李瑛不是武惠妃所生，如果立了武惠妃为后，可能又会引起储君之争。于是武惠妃策划了三皇子事件，企图扳倒太子李瑛。

唐玄宗为何一日杀了三位皇子？

太子李瑛不是嫡长子，武惠妃一直想让唐玄宗废掉太子李瑛，而立自己的儿子寿王李瑁，李林甫借机向武惠妃表示自己愿意支持李瑁。太子瑛、鄂王瑶、光王琚三兄弟都是赵丽妃所生，也不满母后失宠和武惠妃专宠，三位皇子私下里对武惠妃有怨言。武惠妃将三位皇子的怨言报告给唐玄宗，唐玄宗十分生气，将这个事情交给大臣讨论。张九龄坚持太子国本不可轻废。唐玄宗对张九龄的态度不太高兴，最终撵走了张九龄。张九龄的离去，使三位皇子太子李瑛、鄂王李瑶、光王李琚失去了保护。在武惠妃支持和李林甫的策划下，唐玄宗废掉了李瑛的太子之位，并且连同鄂王李瑶、光王李琚一起废为庶人。不过更为惨烈的是，三位皇子还被赐死。唐玄宗一天失去了三个亲生儿子。

唐玄宗与太子关系为何紧张？

三皇子事件——太子李瑛、鄂王李瑶、光王李琚被废，最终都被赐死，但唐玄宗并没有立寿王李瑁为太子，而是立了忠王李亨为太子。但是日后在"安史之乱"成为新皇帝（唐肃宗）的李亨，太子之位也始终不够稳定。李林甫本来支持武惠妃和武惠妃的儿子寿王李瑁，与李亨有矛盾。晚年的唐玄宗开始荒废政务，国家交给李林甫治理。而李亨作为皇位继承人，必然与李林甫这位权相产生矛盾。唐玄宗虽然没有废掉李亨，但始终信任李林甫，父子关系十分紧张。且唐代太上皇唐高祖李渊和唐睿宗李旦都不再有绝对权力，唐玄宗绝不会让位给年富力强的太子李亨，宁愿重用李林甫。所以有种说法认为马嵬坡之变的策划就有太子李亨参与。

写江苏镇江的《次北固山下》一诗为何会被宰相张贴在政事堂?

王湾是唐玄宗先天年间的进士,进士及第后,最先授的官是荥阳县主簿。由于他本人学问好,调入昭文馆。昭文馆在唐朝更多时间叫弘文馆,是门下省负责整理图书的部门,类似于我们今天的国家图书馆。由于其工作认真负责,又被调到另一个藏书机构——丽正院,去编校藏书。在丽正院,他对南朝梁、齐以后的诗文集进行了大量的编校工作。他的《次北固山下》就是写于他出差东南、路经北固山之时:"客路青山外,行舟绿水前。潮平两岸阔,风正一帆悬。海日生残夜,江春入旧年。乡书何处达?归雁洛阳边。"宰相张说特别喜欢这首诗,亲自将王湾的这首《次北固山下》题挂在政事堂。要知道政事堂可是宰相办公之所,是中书省、门下省机要部门。作品为何能放到宰相办公室里?张说评价这首诗是"每示能文,令为楷式"。

唐朝为何第二次封禅？

中国历史上共有六位帝王在泰山举办封禅大典，分别是：秦始皇、汉武帝、东汉光武帝、唐高宗、唐玄宗、宋真宗。那么为什么唐高宗之后，仅隔唐中宗、唐睿宗两代皇帝的唐玄宗再次到泰山封禅呢？一是唐玄宗的开元年间达成了"开元之治""开元盛世"，社会发展水平确实达到了唐朝乃至中国古代史上的顶点。二是张说等大臣的运作。张说建议唐玄宗封禅泰山，虽然遭到了宋璟等人的反对，但唐玄宗同意了封禅。封禅一事交由张说负责，张说把唐朝周边的突厥、日本等邻国的使者找来参加典礼，唐玄宗在封禅大典上倍儿有面子，宣扬了唐朝的国际威望。今有《纪泰山铭》，就是726年唐玄宗封禅泰山后撰书的铭文。

"泰山""岳父"称呼的由来

此事跟唐玄宗泰山封禅有关。按照旧制,有幸随从皇帝参加封禅的人,三公以下的官吏都可以晋升一级。封禅使张说知道参加封禅可以晋升官职,便把自己的女婿郑镒带去了。郑镒本来是九品官,张说利用泰山封禅一下子把郑镒连升四级。但唐玄宗不知道,当封禅宴会上他看到郑镒穿上浅绯色的五品官服时,觉得非常奇怪,便问郑镒。郑镒支支吾吾,不好回答。只见宫廷艺人黄幡绰大声叫道:"此泰山之力也!"众人一笑了之,事情就这样混过去了。郑镒靠着泰山封禅升的官,艺人暗讽是靠着岳父张说的关系。后来"泰山""老泰山"就被人们习惯性地指称"岳父"了。泰山又是五岳之首,岳父也就开始叫"岳父"了。

为何说张九龄是开元时代"最后一位贤相"？

唐玄宗时期的宰相有很多，包括刘幽求、魏知古、陆象先、岑羲、郭元振、张说、姚崇、卢怀慎、源乾曜、宋璟、苏颋、张嘉贞、王晙、李元纮、杜暹、萧嵩、宇文融、裴光庭、韩休、裴耀卿、张九龄、李林甫、牛仙客、李适之、陈希烈、杨国忠、韦见素、崔圆、房管、崔涣等，最有名的是姚崇和宋璟。唐玄宗时代的姚崇、宋璟与唐太宗时代的房玄龄、杜如晦并称为"唐朝四大贤相"。张九龄虽然不是"大贤相"，却也是开元时代德才兼备的好宰相。他文采斐然，以"海上生明月，天涯共此时"闻名于文坛。但是张九龄之后，唐玄宗开始任用李林甫，李林甫之后又是杨国忠，终于招致"安史之乱"。所以反过来看，张九龄就是最后一位贤相了！

贺知章"少小离家老大回"回的是哪里？

贺知章是唐代著名的文人，是越州永兴人，也就是今天浙江萧山人。他年轻时就以文辞知名，早早考上进士，一生大多数时间都在长安做官：国子四门博士、太常博士、太常少卿、礼部侍郎、工部侍郎、太子宾客。天宝三载（744）已经85岁的贺知章生了病，向唐玄宗申请退休回乡，唐玄宗不仅同意了，还赐他御制诗。就这样贺知章回到浙江萧山，在遇到故乡的小朋友时，他忽发感慨："少小离家老大回，乡音无改鬓毛衰。儿童相见不相识，笑问客从何处来。"《回乡偶书》写了两首，这是第一首。其实贺知章《咏柳》一诗写的也是鉴湖畔的柳树："碧玉妆成一树高，万条垂下绿丝绦。不知细叶谁裁出，二月春风似剪刀。"

开元之治与开元盛世有什么区别？

唐玄宗其实有三个年号：先天、开元和天宝。先天是唐睿宗作为太上皇仍然把持权力的时期，时间很短暂。开元是唐玄宗的前期年号。开元时期，唐玄宗任用姚崇、宋璟、张九龄当宰相，整顿吏治，社会、政局为之一新，史称"开元之治"。开元之治侧重于政治治理，是开元盛世的基础。开元盛世是开元之治的结果，侧重于社会政治、经济、文化等各个方面的展现。"开元盛世"不仅指开元年间，也包括唐玄宗后期的天宝时期。天宝时期并没有因为奸相李林甫而衰落下去，社会仍然沿着开元时期向前走，所以开元和天宝共同组成"开元盛世"。开元盛世的终结，标志性事件是"安史之乱"，整个唐朝也因此由盛转衰。

唐朝货币不采用白银

在唐朝以前，如果某人用白银当作支付饭店的酒钱，老板是绝对不会让你走的，因为当时根本没有流通白银，搞不好还可能被官府抓起来。唐朝时白银虽然走上货币道路，但也只是用白银支付大额军费。这是为了应对频繁的战争，不得已使用白银。唐宪宗时期，已经开始开采银矿。可即便白银开始作为货币，但仍相对稀少，跟老百姓也没什么关系。白银进入民间成为货币要到明朝，明英宗时期，官方才承认了白银的地位，开始将白银作为国家税收的支付手段。这是因为大量墨西哥银圆通过新航路来到明朝，明朝得以用白银作为货币。

开元通宝是唐玄宗开元时代的钱吗?

认为开元通宝是开元时代的钱是错误的。开元通宝不是以年号取名的钱,早在唐代武德初年就已经铸造,而且是由欧阳询亲自题字的。欧阳询是初唐人物,李隆基则生于盛唐,二人生活年代相差百余年,从年代上讲,欧阳询就不可能给李隆基的铸钱题字。而李隆基将年号定为开元,纯属巧合。开元通宝是唐代最早的货币,也是发行量最大、使用时间最长的货币。由于开元通宝质量合理,通货控制得当,而且钱币做工精美,所以深受百姓喜爱。开元通宝取代了汉代的五铢钱,一直使用到唐末。

在唐朝，胡椒为何也是硬通货？

古代香料很珍贵，甚至成为硬通货。在唐朝有一种硬通货就叫胡椒。据《新唐书》记载，唐中期宰相元载被治罪抄家，从他家中抄出的胡椒，竟达 64 吨（八百石）——"籍其家，钟乳五百两，诏分赐中书、门下台省官，胡椒至八百石，它物称是"。在当时，胡椒既是硬通货，又是奢侈品，有着不小的升值空间，堪比黄金。胡椒在唐朝有很高的经济价值，主要产自印度、东南亚且产量有限，运输成本较高，价格一直居高不下。胡椒在唐朝又有药用价值，被广泛用于治疗消化不良、头痛等症状。这些特点使得胡椒成为稀缺商品，在唐朝社会中成为社会地位的象征，皇帝和贵族都喜欢使用胡椒调制食物和药品，收藏胡椒一度成为一种时尚潮流。当然，随着其他香料从丝绸之路到来，胡椒地位下降，逐渐成为一种普通的调味品。

唐朝经济什么时候才追上隋朝？

唐朝什么时候追上甚至超越了隋朝，没错，就是唐玄宗的开元时代。古代衡量经济的一个重要标准是人口，据研究显示，隋朝实际人口超过了 5500 万人，而唐太宗时期是 1800 万人，唐玄宗时期达到 6400 万人。衡量经济的另一个标准——粮食产量，也达到了相当高的水平。开元时代究竟富足到什么程度？杜甫有诗《忆昔》这样描述："忆昔开元全盛日，小邑犹藏万家室。稻米流脂粟米白，公私仓廪俱丰实。""小邑犹藏万家室"是说一个小城都有一万户，"公私仓廪俱丰实"指的是公、私仓库都非常充实。虽然文学作品是有夸张成分在内的，但足以从某个侧面说明这个时代经济非常富有。

唐朝人怎么吃面？

随着磨面技术的成熟，唐朝人在吃面上有了更多变化，主要有蒸饼、胡饼和汤饼。饼在唐朝是一个类概念，既包括现在的饼类食品，也包括馒头、包子、面条。胡饼在唐朝食用得非常广泛。小麦、面粉起源于中亚、新疆一带，将面烤制成面包一类的胡饼是面粉的基本做法。馒头在唐朝叫蒸饼，在宋代改叫炊饼，所以《水浒传》中武大郎卖炊饼实际上卖的就是馒头。汉地早有蒸制技术，唐人将面粉揉团后，不采用烤而采用蒸，形成具有汉地特色的蒸饼。汤饼就是面条，是将面粉揉团后，搓成或切成条状的面食。在新疆最初是手搓的粗一些的拉条子，中原则发展出拉面、面片等吃法，形成东亚饮食文化圈的面条文化。唐朝灭亡，长安衰落，但面的各种吃法在关中地区继续发展，形成今日西安丰富的面食小吃。

唐朝人炒菜吗？

很遗憾，唐朝人很少炒菜。炒菜的普及需要有两个硬性条件：铁锅、食用油。虽然中国人对于铁的使用早在春秋战国时期就已经有了，但是铁锅的普及是在宋代。魏晋南北朝时期的《齐民要术》记载了最早的两道炒菜：炒鸡子法和鸭煎法，但是魏晋南北朝、隋唐五代并未大面积普及炒菜。宋代随着铁锅的普及和植物油大量出现，炒菜成为中国饮食的烹饪技法。而在包括唐在内的古中国，主要食用的是动物油脂。烹饪技法主要是蒸、煮、烤、煎等技法。宋代炒菜大量出现在汴京（开封）和临安（杭州），炒鸡、炒兔、炒蟹屡见笔端。

唐朝人主要喝什么酒？

主要是米酒。米酒分为浊酒和清酒。浊酒是粮食加酒曲自然发酵后做成的酒，度数不高，酒色浑浊。比如白居易的《问刘十九》一诗就说"绿蚁新醅酒，红泥小火炉"，"绿蚁"就是浊酒煮沸后起的泡沫。到宋代，尽管已经出现了黄酒，人们还是经常饮用浊酒，比如范仲淹在《渔家傲·秋思》就写道："浊酒一杯家万里，燕然未勒归无计。"清酒是将浊酒过滤后的酒，酒质更好，比如李白在《行路难》中就写到"金樽清酒斗十千，玉盘珍羞直万钱"。很有可能唐朝的清酒技术被日本人学去，演化成今天的日本清酒文化。

唐朝人也喝葡萄酒吗？

葡萄酒主要是随丝绸之路从西域外来的酒种，唐人也非常喜欢饮用。比如王翰在《凉州词》就写道"蒲萄美酒夜光杯，欲饮琵琶马上催"。李白也多次在诗歌中写到葡萄酒，比如《对酒》："蒲萄酒，金叵罗，吴姬十五细马驮。"那么，唐人喝不喝黄酒、白酒、啤酒呢？啤酒出现较晚，没有可能。黄酒的酿造工艺要到宋元时代才成熟。白酒则要到元代蒸馏技术传来才有可能。唐人的酒类饮品主要是本土的米酒和丝绸之路传来的葡萄酒。

唐朝人不泡茶，那怎么喝茶？

　　唐朝人酷爱喝茶，但不是冲泡，而是煮茶。这种煮茶一般叫煎茶。茶农把茶叶蒸压做成饼茶，喝茶之人将茶饼炙烤，等茶饼略干后，碾成茶末。然后将茶末投入水中进行煮沸，煮茶时加上葱、姜、花椒、大枣、桂皮等物进行搅拌，形成茶粥或茶汤。煮茶特别讲究，煮茶有三沸，什么时候加盐、加香料、加茶末都有时间先后。唐代因为有茶圣陆羽，所以吃茶变成一种高雅艺术。日本人从唐朝学习了煮茶、喝茶，形成了自己的茶道。而中国人在宋明继续发展制茶工艺，形成了冲泡法。反而像唐朝这种煮茶粥、茶汤的方法渐渐变得稀有。

陆羽为何叫茶圣？

陆羽相貌丑陋，所以一出生就被遗弃。后来被龙盖寺住持智积禅师在竟陵（湖北天门）西门外拾得，收养长大。但陆羽虽然习诵佛经，却不愿皈依佛教，倒是对煮茶非常感兴趣。不能做和尚，就得找事情做。12岁他到一个戏班子里学演戏，没想到他的其貌不扬却成就了丑角表演。竟陵太守李齐物看到他的丑角表演，非常喜欢，推荐他到火门山的邹夫子处学习。礼部郎中崔国辅被贬到竟陵做司马，也与陆羽做起了好友。崔国辅经常带着陆羽一起出游玩乐、品茶鉴水。随着陆羽在茶文化上的积累，他决定要写一部《茶经》。这部《茶经》写了3卷10章7000余字，10章分别为：一之源、二之具、三之造、四之器、五之煮、六之饮、七之事、八之出、九之略、十之图。此书一出，世人大为惊叹。因为这本书将唐代及唐代以前有关茶叶的科学知识和实践经验做了一次系统性的总结。茶也从自身的药物属性中脱离出来，成为具有文化属性的饮料。陆羽将茶提到这样的高度，被称为"茶圣"，实至名归。

唐朝男人也是香香的

唐朝上层社会非常流行香料、香囊，男男女女都生活在香云缭绕的环境中。他们日常要熏香，浴缸中加香料，衣服上挂香囊。来到王公贵族的庭院内，会飘来一股幽香，甚至到了公堂衙门、庙宇寺观也都是香气弥漫。皇帝上朝要熏香，祭祀时要熏香。进士考试前，主考人和考生都要在香案前行礼。唐玄宗的哥哥宁王甚至如果口中没有含沉香或麝香，都不与别人开口讲话。唐中宗时期有一次君臣聚会，大臣们甚至"斗香"，就是拿出自己家的香比比优劣。

在唐朝公款吃喝是合法的？

唐朝规定，州郡一级的行政机构可以定期举行官方宴会，长官和幕僚齐聚一堂，费用由官府支付。这种官方宴会被称为公宴或官宴。如果赶上盛大节日，各政府机关就要举办这种公款宴会，算是对官员的一种福利。唐德宗时，觉得这种公款宴会不实惠，就改了个规定，政府直接发钱，让大家自己去吃喝。让人大跌眼镜的是，官方宴会还允许招妓，费用也是官家出。在长安就有官妓，还有商业性较强的酒妓。

唐代陪酒女是一种合法职业？

据《唐律疏议·卷二十六》，唐朝的陪酒女是一种合法、正当的职业，并受法律保护。如果陪酒女遭到侵犯，凶徒至少将被杖责一百。打100下意味着常会被打残。唐朝官场盛行官妓，这些官妓专业素养很高，诗歌词赋、琴棋书画样样精通。官员私人也可以养私妓，甚至买卖赠送小妾婢女。官员、大诗人白居易就养私妓、小妾、婢女。他在《追欢偶作》中写道："十听春啼变莺舌，三嫌老丑换蛾眉。"写的就是私妓。再比如在唐诗中写到的小妾样貌："樱桃樊素口，杨柳小蛮腰。"

唐朝的女道士是一个非常香艳的代名词

　　道士、和尚一般是禁欲的化身。但是唐朝社会开放，很多女道士生活很不检点。有些女道士一边做着道士，一边享受男女之欢。有的女道士甚至接客，甚至结婚，比如名满大唐的才女李冶、鱼玄机、薛涛等。这些女道士不仅才华横溢，关键是敢于大大方方地干着十分开放的事情。20世纪香港有一部电影《唐朝豪放女》，讲述的就是鱼玄机的故事。杨玉环成为杨贵妃，起初也是以女道士的身份来到宫中，后来才弃道还俗，摇身一变成了杨贵妃。

很多乐器是唐朝时引进的？

很多乐器是唐朝人从西域以及更远的地方传入的。比如，笛子和琵琶就是来自西域的乐器。在唐朝之前，中国的乐器大多是古琴、编钟、磬、缶等节奏悠缓的乐器。而到了唐代，官方吸收龟兹乐、高昌乐的音乐元素和乐器，像将琵琶、羌笛这种节奏明快的乐器引入中土。由于这类乐器融入得太和谐，以至于我们今天都不以为是外来的。在唐朝诗歌里有大量羌笛和琵琶的记载，比如我们熟知的王之涣的《凉州词》："黄河远上白云间，一片孤城万仞山。羌笛何须怨杨柳？春风不度玉门关。"

唐朝卖腐烂变质的食物犯法？

唐朝法律里，贩卖腐烂变质的食物是一个零容忍的行为。以《唐律》的规定，商家的食物哪怕是质量合格的，只要过了保质期却依然在贩卖，不管有没有造成严重后果，都要重打90大棍！而如果顾客吃了商家的食物而生了病，这就要按照故意杀人罪来论处，最轻也是一年徒刑。如果顾客病情严重，甚至商家要被判处绞刑。可见唐朝的食品健康管理还是非常严格的。在唐朝贩卖变质食品，不只是拿顾客生命开玩笑，更是拿自家小命开玩笑！

在唐朝见到官员为何不能称呼"大人"？

因为在唐朝"大人"是用来称呼父亲的，所以看唐朝的史料里不会看到李大人、王大人，对于官员通常称呼姓加官职或者姓加上一个"公"字。包拯如果生活在唐朝，应该是除了他儿子，没人叫他包大人的，而应该称包公或者包龙图。电视剧里称呼狄仁杰为狄大人是不对的，高罗佩小说名叫《大唐狄公案》反而非常符合唐朝习惯。父亲称呼为"大人"，兄长和弟弟则称为阿兄、阿弟，祖父则称呼为阿翁。唐玄宗时期的宦官高力士就被诸王公主尊称为"阿翁"。

中国历史上第一个五世同堂的皇帝是谁？

是唐玄宗李隆基。五世同堂意味着唐玄宗的孙子都有了孙子。唐玄宗一生活了78岁，在整个中国历史上也算得上高寿皇帝了。唐玄宗的儿子肃宗李亨是他在27岁时生的。唐玄宗42岁时肃宗则有了儿子代宗李豫，也就是唐玄宗当了爷爷。唐玄宗58岁时曾孙德宗李适出生，他77岁时玄孙顺宗李诵出生。唐玄宗李隆基是第一代，唐肃宗李亨是第二代，唐代宗李豫是第三代，唐德宗李适是第四代，唐顺宗李诵是第五代，这就是"五世同堂"。只不过一年后唐玄宗驾崩了，这个"五世同堂"只持续了一年。

唐玄宗时期的民族和外交怎么样？

唐玄宗的时代虽然没有爷爷唐高宗时代的版图大，但稳定的周边关系，确保了大唐经济、社会的稳步发展。吐蕃、突厥不再像太宗、高宗时期威胁那么大，新崛起的周边民族，唐玄宗一一进行了册封：封东北的大祚荣为渤海郡王，设立渤海都督府和黑水都督府；封西南的南诏皮罗阁为云南王；封北方回纥的骨力裴罗为怀仁可汗。新罗、日本大量派遣留学生来大唐学习，大唐也有鉴真和尚东渡日本，大唐文明远播海外，丝绸之路畅通无阻，外来文化通过丝绸之路被传入大唐，引发物质和非物质层面的大革新。

唐玄宗的第三"大内"

和后世的朝代不同，唐朝在长安城有三个宫殿群，一般叫"三大内"，分别是西内太极宫、东内大明宫和南内兴庆宫。

隆庆坊是李隆基曾经以王爷身份居住过的地方，他的四个兄弟宁王、薛王、岐王、申王也都住得不远，因此这里也被成为"五王子宅"。李隆基登基后，为避其名讳，隆庆坊更名为兴庆坊。先天政变后，唐玄宗搬到大明宫执政，与姚崇、宋璟等贤相一起开创了"开元之治"。但唐玄宗对自己居住过的兴庆坊念念不忘，所以在开元时期不时对其进行整修、扩修。

开元二年（714），唐玄宗将自己四位兄弟的府邸迁出，将兴庆坊全坊改为兴庆宫。开元十四年（726）唐玄宗将兴庆宫北侧的永嘉坊南半部和西侧的胜业坊东半部并入兴庆宫。到了开元十六年（728）正月初三，唐玄宗干脆搬到兴庆宫居住。此时的兴庆宫已经兼并了北面永嘉坊的半坊之地，成为拥有约1.35平方公里的"南内"。当然，唐玄宗的听政主要还是在大明宫，因此，长安城有一条紧贴外郭的夹道可以迅速从兴庆宫抵达大明宫。

安史之乱起，唐玄宗逃离长安，兴庆宫遭到了破坏。收复长安后，李隆基虽然作为太上皇重新回到了兴庆宫，但在宦官李辅国的阴谋下，他被迫迁到太极宫并死在那里。此后兴庆宫成为太上皇、太后的专属宫殿，直到唐末。

曲江池是皇家园林还是百姓公园？

曲江池最初是秦始皇修筑的离宫——宜春宫。汉武帝时，将曲江池一带划入上林苑，对曲江进行开凿，以"其水曲折，有似广陵之江，故名'曲江'"。隋文帝不喜欢"曲江"这个名字，改称芙蓉园，并且对曲江进行了开凿和加深。唐朝到了唐玄宗开元年间（713—741），又对曲江大加扩修，引南山义谷口的黄渠水入注池中，水面增至 70 万平方米。芙蓉园周围亭台楼榭，花树繁茂，景色绮丽。每当三月初三上巳节、七月十五日中元节和九月九日重阳节，皇室贵胄、达官显宦、雅士文人都会来此游赏。唐玄宗甚至和杨贵妃一起从大明宫或兴庆宫从专属秘道来到芙蓉园，与民同乐。所以曲江池（芙蓉园）是兼有百姓公园和皇家园林的公共游乐胜地。

唐朝官方会发护肤品？

唐朝皇帝每年腊八都要给大臣和皇亲国戚赠送护肤大礼包，以表示对一年辛苦工作的奖励。这个大礼包里有：新年日历、紫雪、红雪、面脂、口脂、澡豆等，其中大部分都是化妆品。比如澡豆类似于肥皂，面脂、口脂就是妆粉和口红，紫雪、红雪是唐朝宫廷特制的一种高级护肤品，装在金盒子或者银盒子里，可以祛斑祛痘，使皮肤光洁。

为何说元宵节才是唐人过年的高潮？

唐朝时全年大多数时候都实行宵禁，比如唐长安城到了晚上就不允许百姓离开所居住的里坊。但规定上元节（元宵节）三天没有宵禁，允许百姓上街游乐，这三天长安城内灯火通明，人们纷纷上街观灯，百姓彻夜狂欢，那时的元宵节是不折不扣的狂欢节。小说《长安十二时辰》选上元节的一天为故事背景，没有问题，要是搁在平时，可就犯了历史硬伤。不过上元节绝不只是十二时辰，一个时辰等于现在两个小时，上元节三天其实足足有三十六个时辰。

从儿媳变成宠妃的杨玉环

杨贵妃可能是弘农杨氏中最美的女人。唐代皇室婚姻非常重视门第,杨玉环的先祖是弘农杨氏,而武则天的母亲也是弘农杨氏。促成李隆基与杨玉环之好的关键人物高力士,又与武家关系密切。高力士向唐玄宗推荐杨玉环,一是因为杨玉环的美貌和歌舞可以抚平唐玄宗丧失武惠妃后带来的伤痛,二是可以巩固李、武、韦、杨四大姓的婚姻利益集团。

起初杨玉环嫁给了寿王李瑁,寿王瑁是武惠妃所生,所以武惠妃是杨玉环的婆婆。然而开元二十四年(736)武惠妃去世,唐玄宗十分哀痛,虽然后宫佳丽数千,仍然提不起唐玄宗的兴趣。有人向唐玄宗推荐杨玉环,唐玄宗一见倾心,便想把杨玉环纳入宫来。于是便开始了一番操作:首先寿王李瑁一封休书,杨玉环变成了女道士,史称杨太真;其次唐玄宗把杨太真接到皇宫,杨太真以女道士名义生活在皇宫;最后杨太真加上了贵妃的名号,堂而皇之成了帝国真正的贵妃。

杨贵妃的美在李白和白居易的诗里有所体现。李白写杨贵妃主要在《清平调》,比如《其一》中写道:"云想衣裳花想容,春风拂槛露华浓。若非群玉山头见,会向瑶台月下逢。"李白用拟人的手法，让云和花都对贵妃的美嫉妒了。白居易主要是在《长恨歌》里描摹杨贵妃："天生丽质难自弃，一朝选在君王侧。回眸一笑百媚生，六宫粉黛无颜色。"仅仅有美色，还不足以打动唐玄宗，杨玉环更"善歌舞，通音律"，所以得到唐玄宗的宠爱。

杨贵妃为何没有后代？

杨玉环嫁给寿王瑁时刚满 16 岁，在古代正是生育力很强的时期。寿王瑁在杨玉环当寿王妃时曾和其他妃子生有两个儿子，杨玉环未生一儿半女。所以寿王和杨玉环没有留下子嗣，不是寿王的问题，很有可能是杨玉环自身的问题。还有一种可能是唐玄宗在喜欢杨玉环的时候自己已经没有了生育能力。唐玄宗让杨玉环扮女道士的时候，唐玄宗已经 55 岁。据记载，唐玄宗在 50 岁以后未有皇子皇女出生，很有可能在看重杨玉环的时候就已经没有了生育能力。还有一种可能是杨贵妃本人可能是不易怀孕的体质，或者唐代已经有了较好的避孕措施。

华清池能吃到荔枝吗？

说到杨贵妃爱吃荔枝，很容易想到杜牧的那首《过华清宫》："长安回望绣成堆，山顶千门次第开。一骑红尘妃子笑，无人知是荔枝来。"杜牧认为杨贵妃在华清宫吃荔枝，可是这个场景在唐玄宗时代是不可能发生的。唐玄宗和杨贵妃每年到华清宫都是冬天，他们利用华清池温泉享受冬天里的温暖，却从不在夏天来这里避暑。荔枝是亚热带水果，分布于福建、台湾、浙江、广东、广西、海南、四川等地，花期是3—4月，果期在5—8月。成熟最晚的荔枝是四川川南，可以收获到8月下旬。但是唐玄宗和杨贵妃每年什么时候去华清宫呢？是农历十月，大概是公历的11月了。11月接近冬季，皇帝、贵妃来华清池泡温泉，借机取暖。而且荔枝这种水果是夏季水果，保鲜期很短，绝对没有可能留到冬天享用。11月距离最晚的8月下旬也有两三个月时间，在华清宫贵妃不可能吃到新鲜的荔枝。杜牧这样写，完全是出于想象。

杨国忠和杨贵妃是亲兄妹吗？

不是。两人是从族兄妹的关系，只是有共同的曾祖父。杨贵妃名杨玉环，父亲是杨玄琰，曾做蜀州司户。杨玄琰还生有韩国夫人、虢国夫人、秦国夫人，都是杨贵妃的亲姊妹。但是杨玉环早年就成了孤儿，养于叔父杨玄璬家，杨玄璬生有杨鉴。杨玉环还有一个叔叔叫杨玄珪，他生有杨铦、杨锜。杨贵妃的姊妹韩国夫人、虢国夫人、秦国夫人和两位堂兄弟杨铦、杨锜就是赫赫有名的"杨氏五家"。杨玄琰、杨玄珪、杨玄璬的父亲是杨志谦，曾任青城县令，他的父亲也就是杨玉环的高祖父是杨令本。杨令本还有一个儿子叫杨友谅，杨友谅的儿子是杨珣，杨珣的儿子才是杨国忠（本名杨钊）。所以这么看杨国忠和杨贵妃拥有共同的四世祖杨令本，但确实不是直系血亲。杨国忠之所以能被举荐，其实离不开剑南节度使章仇兼琼，并非完全靠杨氏这层关系。

杨氏五家富贵到什么程度？

"一人得道，鸡犬升天"，杨贵妃的专宠，使得杨家姐妹、杨家亲戚一时成为最为显赫的家族。杨玉环的姐妹三人分别封"国夫人"的称号，最大的封为韩国夫人，最美的封为虢国夫人，最小的封为秦国夫人，她们享受所在封国的收入，并且可以出入宫禁。堂兄杨铦做了鸿胪卿，堂兄弟杨锜做了侍御史，甚至还娶了武惠妃的女儿太华公主。三姊两兄，杨氏五家荣耀逼人。比如唐玄宗每年十月要去华清宫，韩国夫人、虢国夫人、秦国夫人、杨铦、杨锜杨氏五家每家为一队，每队要穿一种颜色的衣服，五家合在一起，就像五色的百花，煞是好看。杨氏五家的府宅也是不得了，他们各自的大宅子，装修得如宫廷，府宅中的每个房子，花费都以千万钱来计算。

杨贵妃与唐玄宗也会闹矛盾？

比如天宝五载（746）和天宝九载（750），杨贵妃就两次与唐玄宗赌气而离开皇宫。第一次两人赌气到中午，唐玄宗又思念起杨贵妃，以至于吃不下饭。唐玄宗的宦官高力士了解到唐玄宗的心情，当天把杨贵妃请回皇宫。回宫后，杨贵妃伏地谢罪，唐玄宗则愉快地给予抚慰。这次赌气，两人关系更好了，杨贵妃受到了唐玄宗更多的宠爱。第二次赌气，杨贵妃则哭道："我让皇帝生气，罪该万死。衣服之外，都是皇恩所赐，只有身体发肤是父母所有。"说着的同时剪下一缕头发，通过中使交给唐玄宗。唐玄宗非常感动，赶紧让高力士再次把杨贵妃请回来。

杜甫讽刺过杨贵妃家族？

主要体现在杜甫《丽人行》一诗："三月三日天气新，长安水边多丽人。态浓意远淑且真，肌理细腻骨肉匀。绣罗衣裳照暮春，蹙金孔雀银麒麟。头上何所有？翠微盍叶垂鬓唇。背后何所见？珠压腰衱稳称身。就中云幕椒房亲，赐名大国虢与秦。紫驼之峰出翠釜，水精之盘行素鳞。犀箸厌饫久未下，鸾刀缕切空纷纶。黄门飞鞚不动尘，御厨络绎送八珍。箫鼓哀吟感鬼神，宾从杂遝实要津。后来鞍马何逡巡，当轩下马入锦茵。杨花雪落覆白蘋，青鸟飞去衔红巾。炙手可热势绝伦，慎莫近前丞相嗔！"这首诗开始第一二句"三月三日天气新，长安水边多丽人"交代时间是上巳节，地点是"长安水边"。紧接着杜甫通过细腻的文笔描绘杨氏姐妹们的美貌"态浓意远淑且真，肌理细腻骨肉匀……"最后又表达出自己的态度："炙手可热势绝伦，慎莫近前丞相嗔！"在长安时期的杜甫，是个小官吏，他从一个普通人的视角用细腻的手法如实记录了自己的所观所感，很有点讽刺批评的意思。

《虢国夫人游春图》讲了什么故事？

《虢国夫人游春图》是唐代画家张萱的画作。这幅画描绘的是天宝十一年（752）杨贵妃的三姐虢国夫人及其眷从盛装出游的情景。虽然这幅名画原作已佚，现存的是宋代摹本，但非常接近原作。

虢国夫人生活奢侈，画作中也有体现。虢国夫人位于左数第二列的下方，位于全画的中心点。她手握缰绳，右手指间挂着的马鞭直线下垂，丰润的脸庞上淡描娥眉，鬓发浓黑如漆。她身着淡青色窄袖上衣，披白色花巾，穿胭脂色大裙，裙下绣鞋轻点在金马镫上。与她同列平行的是秦国夫人，脸侧向虢国夫人若有所言。两夫人前后都有护从。前面有三人，后面有三人。后面三人居中的老年侍姆右手还护着一位幼女，幼女把住鞍桥。这幅画与杜甫的《丽人行》一诗相应，反映了杨氏一家的豪奢生活。

李白唯一真迹究竟写了什么？

李白的唯一书法真迹叫《上阳台帖》，全文如下：

山高水长，物象千万，非有老笔，清壮可穷。
十八日，上阳台书，太白。

一共只有 25 个字，写得稚拙又放逸，顾盼有情，奇趣无穷。那么李白的这首四言诗写的是什么内容？又是写给谁的呢？

这就要说到上清派第十二代宗师司马承祯了。这位司马承祯自号白云子，与陈子昂、卢藏用、宋之问、王适、毕构、李白、孟浩然、王维、贺知章称为"仙宗十友"。他文学修养极深，书画及理论水平也极高。唐玄宗曾邀他到王屋山建立讲堂，他还为讲堂题写匾额。他在阳台宫作山水壁画，其人深受唐玄宗的器重。李白 25 岁时离开蜀地，在江陵结识了司马承祯。司马承祯与李白一见如故，称赞李白仙风道骨。

两人分别后，李白曾一度在长安做了唐玄宗的翰林待诏，后来被"赐金放还"，得以离开长安，继续周游全国。公元 744 年（天宝三年），李白与杜甫、高适同游王屋山，想到阳台宫寻访司马承祯。然而到达阳台宫后，李白方知司马承祯已经仙逝，无缘再见。李白看到阳台宫司马承祯的山水壁画，有感而发，写了这首《上阳台》。李白以诗见长，诗作留下笔墨的唯有《上阳台》一首，被传为《上阳台帖》，今藏于故宫博物院中。

李白在长安做了什么官？

李白前半生都没有做官，直到 40 岁以后才在玉真公主、贺知章等人的推荐下，被唐玄宗李隆基接见，唐玄宗让李白做了翰林待诏。但翰林待诏不是翰林学士，翰林是正式官员的备选项，而待诏不过是陪皇帝玩乐的弄臣。用更直白的话讲，李白这个翰林待诏就是皇帝的御用诗人、词人。比如写杨贵妃的命题作文《清平乐》，李白就写得特别漂亮："云想衣裳花想容，春风拂槛露华浓。若非群玉山头见，会向瑶台月下逢。"（《清平乐·其一》）然而李白终究不能过这种御用文人的日子，他想当宰相那个级别的大官，但唐玄宗不可能让他当大官。在玄宗眼里，李白只能是个文人，而且是个爱喝酒的文人。于是李白选择离开，唐玄宗也算厚道，给了一笔遣送费，李白很有面子，从此继续浪迹天涯。

李白为什么说崔颢的《黄鹤楼》写得比他好？

李白颇爱登黄鹤楼，他曾说"一忝青云客，三登黄鹤楼"。第一次李白登楼，突然看到崔颢的《黄鹤楼》："昔人已乘黄鹤去，此地空余黄鹤楼。黄鹤一去不复返，白云千载空悠悠。晴川历历汉阳树，芳草萋萋鹦鹉洲。日暮乡关何处是？烟波江上使人愁。"读罢，李白大叫其好，连称"绝妙"。其实从诗的格律上讲，崔颢的《黄鹤楼》并不完美，前四句竟然出现三次"黄鹤"，平仄的运用也不完全合乎规范。但是这首诗画面感极强，感情充沛，对人生的思考也表达得淋漓尽致。李白甚至用仿写来致敬这首诗，那便是《登金陵凤凰台》："凤凰台上凤凰游，凤去台空江自流。吴宫花草埋幽径，晋代衣冠成古丘。三山半落青天外，二水中分白鹭洲。总为浮云能蔽日，长安不见使人愁。"

一行大师为何爱天文？

僧一行并不是当了和尚才去学天文的，而是先熟习天文历算后才当了和尚的。僧一行本姓张名遂，是唐初功臣张公谨的后裔。张遂从小天资聪敏、过目不忘，不仅博览经史，而且精于历象阴阳五行之学。但是当时的朝政是武三思主理，张遂非常不喜欢武三思，武三思想结交张遂，张遂逃到嵩山，就这样出了家，拜普寂为师。张遂的出家非常偶然，出家后更名一行，史称僧一行。虽然出了家，僧一行仍然保有对天文历法的兴趣。当时流行的《麟德历经》从高宗时代使用，渐渐不准了，唐玄宗命一行修订历法，成《开元大衍历经》。僧一行在天文立法上颇有贡献，死后谥曰"大慧禅师"。

杜甫在长安十年也没发达

唐玄宗天宝六载（747），杜甫来到长安应科举考试，结果宰相李林甫搞出一场"野无遗贤"的闹剧，参加考试的士子们全部落选。杜甫不想离开长安，开始了十年的"长漂"生活。他一方面干谒权贵之门，一方面等待时机继续参加科举考试。一个偶然的机会让杜甫看到了希望。天宝十三载（754），唐玄宗朝献太清宫，杜甫借机献上《三大礼赋》。唐玄宗觉得杜甫写得很好，考察后授予他河西县尉，没想到杜甫"不作河西尉，凄凉为折腰"。后改授右卫率府胄曹参军，杜甫接受了这一职位。但杜甫的工资不足以在长安置业，于是把家安在奉先县（今陕西蒲城）。

天宝十四载（755）十一月，杜甫回奉先县省亲，却发现小儿子饿死了，于是写下《自京赴奉先县咏怀五百字》，诗中有名句："朱门酒肉臭，路有冻死骨。"安史之乱爆发，天下大乱，杜甫向新皇帝唐肃宗表衷心，终于在长安收复之后得到一个中央官职——左拾遗。杜甫担任的左拾遗隶属门下省，而右拾遗隶属中书省。非常巧合的是，杜甫在任左拾遗的时候，岑参在任右补阙。拾遗和补阙都是中书省、门下省的小官，主要对君主指陈过失、补救朝政。

可惜唐肃宗并不喜欢杜甫,将杜甫外放为华州司功参军,实际上调离了长安。不过也正是这次调离,让杜甫在回家探亲的路上写出了《石壕吏》《新安吏》《潼关吏》的"三吏"和《新婚别》《无家别》《垂老别》的"三别"。

杜甫的《饮中八仙歌》是指哪八仙？

饮中八仙不是指"八仙过海"的八位仙人，而是指唐朝嗜酒的八位名人，也被称为"醉八仙"。这"醉八仙"中我们最熟悉的莫过于"诗仙"李白。按照顺序，这八仙分别是：贺知章（知章骑马似乘船，眼花落井水底眠），汝阳王李琎（汝阳三斗始朝天，道逢曲车口流涎，恨不移封向酒泉），左相李适之（饮如长鲸吸百川，衔杯乐圣称避贤），美少年崔宗之（宗之潇洒美少年，举觞白眼望青天，皎如玉树临风前），苏晋（苏晋长斋绣佛前，醉中往往爱逃禅），李白（李白斗酒诗百篇，长安市上酒家眠，天子呼来不上船，自称臣是酒中仙），书法家张旭（张旭三杯草圣传，脱帽露顶王公前，挥毫落纸如云烟），辩论家焦遂（焦遂五斗方卓然，高谈雄辩惊四筵）。杜甫的《饮中八仙歌》通过这八位人物的描绘，展现了他们豪放、旷达的性格特点，构成了一幅栩栩如生的群像图。

杜甫的《闻官军收河南河北》反映的是什么事情？

宝应元年（762）十月二十九日，唐朝大军与史朝义战于洛阳北部的邙山。此一战，唐军斩首一万六千人，生擒四千六百人，俘虏三万二千人。史朝义大败，逃走，越过黄河，逃到汴州（今开封），原来隶属于燕国的张献成拒绝接纳史朝义。史朝义又逃到河北幽州李怀仙那里，没想到李怀仙直接出卖了他，生擒史朝义，作为战功献给唐代宗李豫。李豫下令对史朝义斩首示众，8年多的安史之乱终于有了结果。诗人杜甫听闻胜利就曾写下了《闻官军收河南河北》："剑外忽传收蓟北，初闻涕泪满衣裳。却看妻子愁何在，漫卷诗书喜欲狂。白日放歌须纵酒，青春作伴好还乡。即从巴峡穿巫峡，便下襄阳向洛阳。"此时杜甫尚在四川，"便下襄阳向洛阳"表达出他在朝廷胜利后回归洛阳故里的愿望。

为什么杜甫的诗也有盛唐气象？

杜甫的祖父是杜审言，杜审言是初唐著名的诗人，杜甫应该是从杜审言这里获得了写作律诗的诀窍。杜甫的童年家庭环境不错，祖父杜审言官做到膳部员外郎，父亲杜闲，官做到奉天令，所以杜甫的童年应该是过着安定富足的生活。家里有点钱，杜甫就和那个时代的其他诗人一样，游历天下嘛！比如736年他登上泰山后，就有了《望岳》一诗："岱宗夫如何？齐鲁青未了。造化钟神秀，阴阳割昏晓。荡胸生层云，决眦入归鸟。会当凌绝顶，一览众山小。""会当凌绝顶，一览众山小"多么有气魄的诗句！我杜甫终究会像泰山一样，一览众山小！什么是盛唐气象，这就是盛唐气象！

杜甫对李白有多崇拜？

744年,杜甫在洛阳遇见了刚刚辞去翰林待诏的李白,中国文学史上最伟大的两位诗人见面了。此时李白44岁,杜甫33岁,李白比杜甫大了整整11岁,名气却远胜杜甫。与两人同行的还有一位叫高适的诗人,三人互为好友,游历河南,度过了一段相当开心的日子。日后杜甫回忆李白,言语之中总是充满着崇拜,不乏溢美之词:"白也诗无敌,飘然思不群。清新庾开府,俊逸鲍参军。渭北春天树,江东日暮云。何时一尊酒,重与细论文。"(《春日忆李白》)甚至连李白喝酒,杜甫都觉得帅:"李白斗酒诗百篇,长安市上酒家眠,天子呼来不上船,自称臣是酒中仙。"(摘自《饮中八仙歌》)游历结束,三人把酒言欢,各自走上不同的道路。杜甫却对李白念念不忘,写了很多关于李白的诗。

杜甫最高产的几年

上元二年（761）冬，杜甫的一个朋友严武被任命为成都府尹充剑南节度使，镇守四川。严武邀请杜甫做自己的幕僚，杜甫迁居蜀地，在成都拥有了"杜甫草堂"。与动荡的"长安十年"不同，杜甫在草堂确实度过了平静而闲适的五年。在这里，他五年时间写了1000多首诗，超过此前所有的诗歌总和，而且诗的内容也更加平和，比如我们都熟悉的《绝句》："两个黄鹂鸣翠柳，一行白鹭上青天。窗含西岭千秋雪，门泊东吴万里船。"再比如《春夜喜雨》："好雨知时节，当春乃发生。随风潜入夜，润物细无声。"

但是严武病逝后，杜甫在成都无所依靠。蜀中大乱，杜甫又携家沿岷江东下，移居夔州白帝城。在夔州，杜甫写了400余首诗，创作出了艺术性极高的《秋兴八首》。但是由于思乡心切，唐代宗的大历三年（768）杜甫又从夔州出发了。他先到江陵，又到公安，再到岳阳。由于生活困难，杜甫不但不能北归洛阳，还得被迫南行。他从岳阳来到谭州（今长沙），然后又辗转于衡州（今衡阳），最后行到耒阳。这里突遇江水暴涨，杜甫饿了五天，耒阳县令得知杜甫来了，亲自摇舟去接杜甫一家。或许杜甫太饿了，也或许杜甫病了，吃了县令送给的牛肉和浊酒，当天夜里竟突然死去，至今也死因未明。

阿倍仲麻吕和王维关系如何？

阿倍仲麻吕是日本的遣唐使，他20岁来到唐朝，一生绝大多数时间都在唐朝。阿倍仲麻吕入唐后改名晁衡，在国子监学习，熟习《礼记》《诗经》《左传》等经典。后来他参加科举，竟然一举考中进士，做官做到国家图书馆馆长。阿倍仲麻吕不仅学识渊博，还才华过人，会写唐诗，因而与王维、李白关系都特别好。天宝十二载（753），阿倍仲麻吕打算重回日本，王维为他写了送别诗《送秘书晁监还日本国》："积水不可极，安知沧海东。九州何处远，万里若乘空。向国惟看日，归帆但信风。鳌身映天黑，鱼眼射波红。乡树扶桑外，主人孤岛中。别离方异域，音信若为通。"

阿倍仲麻吕和李白关系如何？

阿倍仲麻吕在归国跨海时遇到了事故，都传闻他在海上已经遇难。听到这个消息，李白挥泪写下《哭晁卿衡》："日本晁卿辞帝都，征帆一片绕蓬壶。明月不归沉碧海，白云愁色满苍梧。"阿倍仲麻吕重新回到长安，看到李白的诗，他百感交集，也写下了名篇《望乡》："卅年长安住，归不到蓬壶。一片望乡情，尽付水天处。魂兮归来了，感君痛苦吾。我更为君哭，不得长安住。"阿倍仲麻吕与李白的关系很好，虽然写《望乡》时，李白早已不在长安。阿倍仲麻吕于72岁在长安辞世，并被埋在长安。

鉴真为什么要东渡日本？

主要是因为日本僧人的诚挚邀请。当时的日本佛教戒律不完备，僧人不能按照律仪受戒。742年，日本僧人荣睿、普照随遣唐使来到大唐，见到鉴真大师后，他们诚恳邀请鉴真大师到日本传授律戒。唐朝当时是东亚文明的中心，况且佛教是世界性宗教，身为唐人的鉴真和尚觉得有义务向外夷传播佛法和唐朝文化。于是鉴真大师从742年开始了长达11年的东渡。前5次，鉴真和尚都失败了，双目失明。753年，日本遣唐使藤原清河、吉备真备、阿倍仲麻吕来到扬州，他们见到了鉴真，再次邀请鉴真随同他们东渡日本。鉴真终于成行，随同藤原抵达日本萨摩，第六次东渡日本终于成功。鉴真受到孝谦天皇和圣武太上皇的隆重接待，受命在日本东大寺起坛，为皇族和僧侣500人授戒。756年，鉴真被封为"大僧都"，统领日本所有僧尼，在日本建立起正规的戒律制度。鉴真又建成唐招提寺，迁居那里，唐招提寺成为日本佛教徒的最高学府。鉴真最终圆寂在唐招提寺，鉴真坐像及唐招提寺至今都是日本的国宝。

日本人吃生鱼片是唐朝传过去的？

唐朝人酷爱吃生鱼片，但是不让吃鲤鱼，'鲤'、'李'谐音。虽然明令禁止，仍挡不住食客们的嘴，私下里照吃不误。唐人最喜食鱼，烹饪多以脍为主。什么叫"脍"？就是生吃。比如杜甫有诗就说："无声细下飞碎雪，有骨已剁觜春葱。"意思是切成雪白的鱼片，就着春天生长的香嫩小葱。唐朝人把生鱼片叫鱼脍，不管什么样的鱼都喜欢片成薄片，蘸着蒜、豆豉等生吃。鲫鱼是做鱼脍最好的材料，唐玄宗还曾赐给安禄山鲫鱼和专做鱼脍的刀具。可见唐人为了做鱼脍还研发了专门的刀具。日本人吃生鱼片就是跟唐朝人学的。

地藏王菩萨的原型是韩国人？

金乔觉是唐朝同期朝鲜半岛的新罗国王子。早年他来大唐留学，对佛教产生了浓厚的兴趣，曾说："世上儒家六经、道家三清法术之内，只有佛门第一义与我心相合。"这位王子毅然抛弃尊贵的王族生活，削发为僧。他长途跋涉来到安徽九华山，发现这个地方真是一处修行的好地方。到唐玄宗开元十六年（728）的时候，金乔觉已经是99岁的老和尚，这一年他圆寂在九华山，九华山逐渐成为佛教圣地，徒子徒孙桃李满天下。据说他圆寂的时候，颜面就同活着的时候一样，面带慈祥，非常像佛经中所记载的地藏菩萨。人们都认为他是地藏王菩萨转世，因为他姓金，都称他为金地藏。新罗国是今天韩国的前身，说金乔觉是韩国人也没有什么错。

哪场战争传播了造纸术？

751年，高仙芝率军队去平息石国之乱，与援助石国的阿拉伯军队正面相遇，东西方最强大帝国的军队在怛罗斯展开一场激战。唐军只有两万人，阿拉伯军队有四五万人，加上石国等仆从军队将近十万人。两万对十万，显然唐朝不占上风。但高仙芝表现出高超的指挥艺术，唐军也表现出较高的军事素养，战斗一度占据上风。可惜，唐军的盟友葛逻禄人被阿拉伯人重金收买，在战场上突然倒戈，袭击唐军的背后，导致唐军大败。高仙芝只好率数千残部退回安西都护府。一般认为怛罗斯之战使中国造纸术西传，唐朝随军的辅助部队和工匠应该都被俘虏了，其中就包括造纸工匠。因为此后不久，中亚、西亚地区开始大规模出现纸张。

李唐皇族有鲜卑血统，所以更加开放包容？

　　李渊的祖先来源于西魏，西魏是鲜卑族的政权。李渊的母亲独孤氏是鲜卑族，李世民的皇后长孙氏也是鲜卑族。李唐皇族身上有非常大比例的鲜卑血统。不过李唐皇族是汉化的鲜卑人，和之前的鲜卑族已经完全不同，至少从姓上是汉族的"李"姓。李渊、李世民更愿意认同他们"陇西李"的家族归属，实际上经过现代学者的考证李唐皇族可能不是"陇西李"或"赵郡李"。但是唐朝官方坚称陇西李的身份，更认同汉族地主世家豪族的社会地位，等同于认可汉族文化。但他们自身有鲜卑血统，也更加接受少数民族文化和外来文化，比较开放包容。唐朝的官僚体系中有大量的外国人，其中有很多做到宰相之位。

唐朝公主的开放婚姻

唐朝的思想开放不仅表现在政治上、文化上，在男女感情婚姻上也是如此。唐朝离婚非常正常，离婚之后还可以正常婚配，没有任何歧视。根据《中国婚姻小史》统计唐朝公主共211位，将那些不能正常长大成人和出家做尼姑的人除外，一共有123人出嫁，但是有24位是二婚，4人是三婚。这些公主中有一些还和武则天一样养面首，比如安乐公主、太平公主等。上官婉儿也是和多人保持不正常关系。

王维《九月九日忆山东兄弟》怀念的兄弟都有谁？

王维不是长安人，一个人旅居于长安和洛阳之间，准备参加科举考试。17岁这年，正逢重阳节，王维想念家人，写出了《九月九日忆山东兄弟》："独在异乡为异客，每逢佳节倍思亲。遥知兄弟登高处，遍插茱萸少一人。"这里的"山东"是指华山以东，"兄弟"则是指王缙、王繟、王纮、王纨。其中王缙后来还做了宰相，是比王维的官还要大的。王维后来也考中进士，做了官。王维和王缙两兄弟定居长安的道政坊。两人都在大唐中央政府任职，一个任宰相，一个大隐隐于朝，关系却一直很融洽。后来他们又舍宅为寺，居住到终南山辋川了。

"吃得开"的王维

　　王维是河东蒲州（今山西运城）人，不是长安人。但是王维来到长安后，却非常吃得开。为什么呢？这跟王维的家族背景和才能有关。王维的"王"是太原王氏的分支河东王氏，太原王氏可是魏晋南北朝及隋唐时代的大族。王维的母亲也是大族出身，乃是博陵崔氏。博陵崔氏更不得了，是唐代的"五姓七宗"之一。有这样的家世背景，王维在长安、洛阳混，必然会被高看一眼。开元三年（715），王维来到长安希望得到达官贵人的举荐。能写一手好诗、画一手好画，还有音乐天赋，很快王维便成了"京圈"的宠儿。

　　天宝三载（744），他在蓝田买了辋川别业。安史之乱平息后，他在辋川终南山过起了半隐居的生活。他表面上在长安任职，但一有时间就到蓝田辋川，画画、作诗、弹琴、吃斋。关于他的画和诗，苏东坡评价道："味摩诘之诗，诗中有画；观摩诘之画，画中有诗。"比如《鸟鸣涧》："人闲桂花落，夜静春山空。月出惊山鸟，时鸣春涧中。"《鸟鸣涧》的四句，每一句都有画面感，就像一组蒙太奇，时空的交错，恰能拼出一幅月夜鸟鸣的山水画。王维的画就是山水画，诗则是山水诗。

王维在安禄山那里任伪职,长安光复后为何没有判死刑?

安史之乱,安禄山先后攻陷洛阳、长安。王维本想随唐玄宗一起逃出长安城,但是王维没来得及跑,就被叛军抓住了。王维此时身居给事中,是朝廷要员,自然很受注意,跑不成也在情理之中。王维偷偷服下能得痢疾的药,假托患病。但王维仍然被安禄山掳掠到洛阳,被安排在洛阳的普施寺,并且授予伪职。有一次安禄山在洛阳凝碧宫举办宴会,看到曾经的梨园弟子、教坊乐人成了安禄山的乐工,王维感到非常悲凄,偷偷写了一首诗:"万户伤心生野烟,百官何日再朝天?秋槐花落空宫里,凝碧池头奏管弦。"正是这首《凝碧诗》最终使王维摆脱了死刑。长安、洛阳相继光复后,唐肃宗在长安大明宫主政。王维的弟弟王缙出任宰相,在王缙的说服下,唐肃宗读了王维的《凝碧诗》,相信王维对大唐王朝的忠心。唐肃宗赦免了王维,而且授予王维太子中允的职位。后来王维又逐渐升迁为太子中庶子、中书舍人,又恢复了给事中的职位,最终做到了尚书右丞。

孟浩然怎么得罪了唐玄宗？

孟浩然长期隐居在湖北的鹿门山，过着隐士一样的生活。虽然他在 40 岁的时候到长安参加过科举考试，但是没有中第，所以还是回到襄阳生活。张九龄被贬荆州，还曾署孟浩然为从事，与他唱和。

孟浩然诗名甚盛，和李白、王维等同时期的大诗人关系都特别好，其中王维既是至交又是高官。有一次，孟浩然来到长安王维上班的地方——大明宫金銮殿，两人正在聊天，忽然得知唐玄宗要来。王维赶紧让孟浩然躲到床底下，但是唐玄宗似乎感觉到有人，王维只好交代，孟浩然也只得从床下出来。唐玄宗平时读过孟浩然的诗，便问道："你有什么近作呀？"孟浩然就背了新写的《岁暮归南山》："北阙休上书，南山归敝庐。不才明主弃，多病故人疏。白发催年老，青阳逼岁除。永怀愁不寐，松月夜窗虚。""不才明主弃，多病故人疏？"唐玄宗脸色沉了下来，说，"你不求仕，而我又未曾弃你，你为何诋毁我？"孟浩然与唐玄宗的这次见面不了了之，孟浩然失去了一次宝贵的机会。

孟浩然最终还是没有在仕途上有更多发展，过着半隐居的生活。虽然孟浩然和王维都被认为是山水田园诗人，但孟浩然的诗非常冲淡，比如《春晓》："春眠不觉晓，处处闻啼鸟。夜来风雨声，花落知多少。"明显没有王维诗歌的那种禅意。

为何称王昌龄是"七绝圣手"？

王昌龄善于边塞诗。他的诗慷慨豪迈，气势雄浑，格调高昂。明代文学家王世贞论盛唐七绝，认为只有王昌龄可以与李白有一比，列为神品。盛唐七绝472首，王昌龄有74首，占到六分之一。王昌龄在盛唐诗人中辈分较长，因而写作七绝的时间较早。在他和李白等人的努力下，七绝逐渐成为唐朝诗歌流行的体裁。在开创性上，王昌龄与李白齐名。到了中晚唐，七绝数量渐渐赶上五律。七绝至王昌龄而体制大定，表现手法渐趋成熟，比如他那首《出塞》："秦时明月汉时关，万里长征人未还。但使龙城飞将在，不教胡马度阴山。"

"更上一层楼"的"鹳雀楼"在今天哪里？

北周时，宇文护为了镇守蒲州，在蒲州西面的黄河东岸建造了一座戍楼，用作军事瞭望，这便是最初的鹳雀楼。鹳雀楼位于今天山西省运城市永济市蒲州镇，几经重建，屹立于黄河边。唐朝时王之涣长期在河北衡水任主簿，有一次他罢官悠游，赶往老家绛州，正巧路过鹳雀楼。蒲州与老家绛州不远，同属晋南。王之涣诗兴大发，写道："白日依山尽，黄河入海流。欲穷千里目，更上一层楼。"气魄真是大！鹳雀楼只是位于黄河的中游，怎么可能看到下游的"入海流"呢？王之涣用惊人的想象力为我们营造出非常大的场景。

岑参一生都在边塞吗？

并不是的。岑参曾于30岁那年（744）登进士第，但是一直没有获得好的职位。三年守选期满，岑参被授予右内率府兵曹参军，但是这个职位并不能让他满意。两年后天宝八载（749）高仙芝入朝，他表岑参为右威卫录事参军，岑参同意出塞，这是他第一次出塞，担任安西都护府高仙芝幕府的掌书记。这期间他创作了《逢入京使》。天宝十载（751）高仙芝兵败还朝，岑参便东归长安。岑参的第二次出塞是天宝十三载（754），当时他应封常清的邀请而入其幕府，赴北庭任安西、北庭节度判官，这期间他创作了《白雪歌送武判官归京》。至德二载（757）岑参从北庭到唐肃宗的行在凤翔，正值重阳节，岑参又写下名作《行军九日思长安故园》。岑参边塞诗的创作主要是两次出塞时所作，时间并不长，加起来只有5年，但是这5年的创作浓缩了他一生的精华。

诗人韦应物早年会武术？

韦应物出生京兆韦氏，是长安世家大族子弟。世家大族很容易出现那种品行不端、嚣张跋扈的纨绔子弟，韦应物就是其中一个。他横行乡里、鱼肉百姓，是一个不学无术的地痞流氓。但是就是这样一个人，却因为家族显赫以门荫入仕，年仅15岁就成了唐玄宗的近身侍卫。唐玄宗出外游玩到哪里，韦应物就到哪里。既然做了近身侍卫，定然有一定的武功。但是造化弄人，安史之乱，玄宗流落蜀地，韦应物则失去了工作。这个时候的他才突然醒悟，开始用心读书。出乎所有人的意料，他竟然进士及第了，还做了官，历任滁州、江州、苏州刺史，最后在苏州终老，遗体归葬长安少陵祖坟。在滁州，他曾留下《滁州西涧》："独怜幽草涧边生，上有黄鹂深树鸣。春潮带雨晚来急，野渡无人舟自横。"

唐玄宗开元二十四年（736）后为何不再去洛阳了？

最重要的原因是唐玄宗采纳裴耀卿的建议，对关东与关中的漕运进行了改革，大幅度提高了粮食向长安的运输量。隋朝和唐初皇帝们频繁前往洛阳或长住洛阳的原因有几个：一是隋唐都崛起于关中，对关东地区的影响力较弱，为了加强对关东的统治，皇帝总要亲临洛阳，比如唐太宗就以洛阳为基地，发动高句丽战争；二是长安人口多达百万人，关中地区的粮食产量不足以供应这么多的人口，一旦关中出现粮荒、自然灾害，皇帝就要到洛阳"就食"。唐高宗、唐玄宗就是如此。但是采纳裴耀卿的建议改善长安与洛阳、黄河的漕运后，长安的广运潭舟船如织。李林甫掌权后又施行"和籴"政策，关中粮食储备增加，短缺问题得以缓解。但是这也带来一个政治问题，皇帝长期不到洛阳，中央政府对东都洛阳的控制力削弱，导致安禄山轻易攻陷了洛阳城。

李龟年为何出名？

李龟年是唐代著名的歌唱家、音乐家。李龟年、李彭年、李鹤年三兄弟都有文艺天分，李彭年善舞，李鹤年善歌，李龟年不仅善歌，还善吹筚篥、打羯鼓，也长于作曲。唐玄宗把李龟年选入皇家宫廷乐队，李龟年成为乐队的领军人物，他的《渭川曲》特别受到唐玄宗的赏识。比如有一次在兴庆宫，唐玄宗与杨贵妃赏花，李龟年带乐队演奏助兴。唐玄宗兴致盎然，让李龟年作曲，李白作词，成就非常有名的《清平调》。安史之乱，李龟年被俘洛阳，受尽安禄山侮辱。后来他流落江南（湖南），正巧遇到了同样流落至此的大诗人杜甫。杜甫便写了《江南逢李龟年》："岐王宅里寻常见，崔九堂前几度闻。正是江南好风景，落花时节又逢君。"两人回忆了在岐王李范王府和崔九家的场景，都非常感慨。这次相遇后，我们在历史上再也没有见过李龟年的消息，李龟年不知所终。

公孙大娘为何出名？

公孙大娘是开元盛世的唐宫第一舞人，尤善剑器舞。杜甫的一首慷慨悲凉的《观公孙大娘弟子舞剑器行》就曾这样描绘："观者如山色沮丧，天地为之久低昂。爙如羿射九日落，矫如群帝骖龙翔。来如雷霆收震怒，罢如江海凝清光。"看她舞剑的神色惶惶，天地为之变色，剑光仿佛后羿射下来那九个太阳。唐代书法家张旭，经常在邺县看公孙大娘舞西河剑器，竟然从剑舞中悟出书法行笔的诀窍，从此他草书长进，成为一代草书大家。吴道子也曾从公孙大娘的剑舞中悟出绘画的用笔之道，可见公孙大娘对艺术家们影响之深。杜甫的《观公孙大娘弟子舞剑器行》一诗是杜甫观看公孙大娘的弟子李十二娘后的作品，可见她的弟子剑舞也是非常高超的。

吴道子的画有什么特点？

吴道子则代表了盛唐时代的绘画水准。吴道子的画好到什么地步？话说他画的人物，衣服的褶皱就像是被风吹着一般，这在中国美术史上叫作"吴带当风"，这种绘画手法叫作"兰叶描"，比如他的代表作《送子天王图》就能明显找到这种感觉。吴道子少孤贫，也没有做过什么官。一生大多数时间从事的都是壁画创作。据说他起初跟张旭、贺知章学习书法，也看过公孙大娘舞剑，从书法和舞蹈中他体会到用笔之道，形成自己的绘画风格。他的《地狱变相》画的地狱太像，以至于那些平日里干坏事的人看到也都学好了，生怕死后掉入地狱。李白在唐玄宗的翰林院做诗待诏，吴道子做的是画待诏。

唐玄宗为何重用"口蜜腹剑"的李林甫？

李林甫是唐玄宗统治后半期最重要的宰相，在这个宰相之位上他足足做了 19 年。他做宰相期间，总是提拔自己的人，排斥、打击异己，常常表面上和善，背地里却总是通过各种手段构陷异己，所以人们称他"口蜜腹剑"。但是唐玄宗为什么要选择这么一个"坏"人做宰相？李隆基的前半生，任用姚崇、宋璟、张九龄，把大唐帝国带上极盛，经济富足，文治武功，都无可挑剔。然而，开元晚期和天宝时期，步入 50 岁的李隆基逐渐开始怠政，他觉得帝国已经承平日久，自己也该享受生活了。他需要一个人帮他打理朝政，而李林甫恰恰是他想要的那个人。李林甫主持大规模修订法律条文，赋予地方实权，简化了行政程序。李林甫还能制衡中央、地方各级官员，但他本人并不贪污腐败。有这样的臣子，唐玄宗还有什么放不下心的？

安禄山为何怕李林甫？

安禄山一度身兼三镇节度使，又受到唐玄宗的宠爱。然而就是这样一个人，却十分忌惮李林甫。安禄山最初见李林甫，见百官对李林甫都毕恭毕敬，逐渐自己的腰身也弯了下来。李林甫有一个本事，就是通过情报系统能够知道安禄山在地方上的情况，安禄山来到京城，李林甫每次都能猜到安禄山想什么。安禄山就是在冬天见到李林甫，也能流出一身汗。每次安禄山派属下去宫里交完公文回来，就会十分迫切地问道："十郎说了些什么呀？"如果李林甫说了好话，安禄山就高兴得手舞足蹈。如果李林甫对于他的"作业"不是太满意，安禄山就会惶恐地大呼："哎呀，我死定了！"

李林甫死了，唐玄宗为何又用杨国忠？

起初杨国忠是李林甫一党，杨国忠甚至帮李林甫对付最主要的敌人——太子李亨。李林甫对杨国忠很满意，杨国忠的升迁也就顺理成章了。杨国忠的升迁让他有机会接触到唐玄宗，因为他的职位是检校度支员外郎。这个职位负责管理水陆运及司农、出纳钱物、内中市买、召募剑南健儿，与钱很近。由于干得好，又升迁为度支郎中、专判度支事的给事中，都是跟经济有关。而晚年的唐玄宗不再是年轻时候的那个勤于政务的皇帝，变得沉溺于享乐。他希望他的宰相能够为他敛财，而恰恰杨国忠比李林甫更善于敛财。杨国忠甚至把一部分国库收入划入皇帝的小金库，唐玄宗感到很满意。比如天宝八载（749），唐玄宗带领公卿、官员参观左藏库，看到钱财堆积得跟山一样，唐玄宗当面给杨国忠加官进爵。李林甫死后，唐玄宗更是让杨国忠做了宰相。

安禄山有 300 斤？

安禄山特别胖，史书说他最胖时约有 330 斤，以至于肚子都垂到膝盖以下。据说他骑的马得有 500 斤的承重才能驮他，一般的马他骑上去走不了几步就压死了。就算是这样，安禄山驿站换马，还要在两个驿站之间多加上一个换马的驿站。然而，就是这样一个走路都费事的大胖子，竟然也能跳起杨贵妃擅长跳的那个胡旋舞，转起来如风一般急速。随着年龄增加，安禄山的皮肤长年生疮，又因为高血脂导致视力严重下降，很有可能是糖尿病晚期症状。平日里安禄山换衣服，由于肚子太大，每次都需要三四个人才能完成。李猪儿就是负责给安禄山解腰带的人，但是安禄山被杀就是李猪儿动的手，李猪儿一刀便砍到了安禄山的肚子上。安禄山肚子太大，却看不到李猪儿做了什么，只觉得肚子疼，最后断了气。

"巨婴"安禄山

安禄山不是汉人,而是杂种胡人。他善于跳胡旋舞,很得唐玄宗、杨贵妃的喜欢。在幽州得到张守珪的信任后,他成了平卢节度使。在这前后,但凡有使者往来长安与河北,他都重重贿赂使者,让使者给唐玄宗带好话,时间一长,唐玄宗渐渐对安禄山有了印象。安禄山入朝奏事,也深得唐玄宗的喜爱。不仅如此,安禄山还极力巴结杨贵妃,他本来大杨贵妃十几岁,却拜杨贵妃为养母。每次入京都先拜见杨贵妃,唐玄宗很好奇为何不先拜自己,安禄山回答说:"我是少数民族,按照我们少数民族的规矩,都是先拜母亲,后拜父亲。"唐玄宗一听,哈哈大笑。

洗儿礼又叫"洗三",是婴儿出生后第三日,要给新生儿举办的沐浴仪式,会集亲友为婴儿祝吉。这个仪式在唐宋时期很流行,发起者就是唐玄宗。万万没想到,杨贵妃竟然给安禄山也举办了一次"洗儿礼"。安禄山曾不知羞耻地拜杨贵妃为母亲,杨贵妃还真把安禄山当儿子。杨贵妃命宫人准备了一个大号木桶,让安禄山在木桶里沐浴。沐浴后,用锦缎把安禄山像婴儿那样包起来。安禄山年纪一大把,裹上巨大的襁褓。唐玄宗和杨贵妃看了都哈哈大笑,还给了安禄山很多"洗儿钱"。安禄山为讨唐玄宗欢喜，竟能做到如此地步。

　　安禄山本已是平卢节度使，但是唐玄宗又加封他为范阳节度使、河东节度使，北方三镇连成一片，安禄山掌握了唐朝将近40%的兵力，这为"安史之乱"埋下了隐患。

唐朝冷知识
安史之乱·肃宗代宗

安史之乱为何会发生？

　　安禄山虽有反意，但本不想在玄宗朝造反。但是杨国忠不停地刺激杨国忠，总是在唐玄宗面前说安禄山造反，安禄山在唐玄宗面前却总是装得乖乖的。比如天宝十二载（753），唐玄宗让手下辅璆琳到河北探望安禄山，安禄山给了辅璆琳大量的贿赂，辅璆琳回到长安，在唐玄宗面前说了很多安禄山的好话，说他十分忠心。杨国忠说这只是表面现象，现在招安禄山来京，他肯定不敢来。结果唐玄宗让安禄山来京，安禄山乖乖来了。安禄山到华清宫唐玄宗的面前哭诉，唐玄宗更加相信安禄山了。唐玄宗想让安禄山做左仆射，结果杨国忠阻挠，这让安禄山对杨国忠十分恼怒。安禄山回到河北，杨国忠却继续宣扬"安禄山会造反"。安禄山本来在朝廷安插了兵部侍郎吉温这个眼线，一旦朝廷有动静，自己好有对策。但杨国忠却把吉温贬到了南方，而且还抄了安禄山在长安的家。这让安禄山十分惶恐，朝廷里没有自己的人，就相当于瞎了眼，索性提前造起反来。

唐玄宗为何不相信安禄山会造反？

公元755年，安禄山以收到皇帝密令、诛杀逆贼杨国忠为口实，在范阳起兵，拥有唐、奚、契丹、室韦等15万人的安禄山大军浩浩汤汤从河北沿西南方向朝长安杀过来。此时唐玄宗正与杨贵妃沐浴华清池，前方军情来报，玄宗根本不相信安禄山会反。杨贵妃曾给安禄山行"洗儿"之礼，且多次表达对玄宗的衷心。大唐海内承平日久，中原百姓几代人都没有见过战争了，安禄山步骑精锐所过之处，望风瓦解，或降或逃。叛军很快通过河北来到黄河边，进入河南地界。叛军渡过黄河到达陈留郡（今河南开封），河南节度使张介然身死城陷，投降的官兵被杀六七千人。叛军又到荥阳，太守崔无诐城陷身死，将军荔非守瑜射箭都射到箭没了，投河而死。荥阳失守，洛阳岌岌可危。这时，唐玄宗才相信安禄山确实是造反，赶紧召杨国忠商议。最终唐玄宗召镇守安西的封常清前去洛阳平叛。然而封常清在洛阳招募的兵多是"佣保市井之流"，根本不是安禄山的对手。随后派去的高仙芝、哥舒翰也相继败北。潼关被攻破，长安岌岌可危。唐玄宗只得带杨贵妃、杨国忠逃离长安城。

安庆绪为何杀亲爹安禄山？

安庆绪是安禄山的第二个儿子，安禄山的长子安庆宗先死，所以安庆绪是安禄山的直接继承人。但是安禄山此时更加喜欢小妾段氏，对原配也就是安庆绪的妈妈康氏不宠爱了。而且安禄山更加喜欢与段氏生的安庆恩，安庆绪感到"太子"之位受到威胁，便暗下杀手，策划了杀死安禄山的事件。安禄山是个大胖子，随着年龄增加，他的皮肤长年生疮，很有可能是糖尿病晚期，又因为高血脂导致视力严重下降。高血压加糖尿病，安禄山苦不堪言，甚至虐待身边的军师严庄。这个严庄可不是好惹的，他让安禄山的儿子安庆绪在门外，然后自己持刀与平日伺候安禄山的宦官李猪儿进入安禄山的营房内。平日里安禄山换衣服，由于肚子太大，每次都需要三四个人才能完成，李猪儿就是负责给安禄山解腰带的人，所以安禄山很信任他。但是这次李猪儿不是来伺候安禄山的，只见他手起刀落，一刀便砍到了安禄山的肚子上。安禄山肚子太大，看不到李猪儿做了什么，只觉得肚子疼，当意识到是李猪儿在杀他的时候，他已经断了气。严庄到了门外，向大家宣布安禄山传位于儿子安庆绪，安庆绪成了燕国皇帝，尊安禄山为太上皇。虽然杀死安禄山整个过程是严庄一手操办的，但我们普遍认为实际的策划者是安庆绪。

为何说史思明才是安史之乱第一悍将？

主要是因为史思明大胜包括郭子仪、李光弼在内的九节度使。从唐玄宗设立节度使制度以来，唐朝总共也就只有十个节度使，唐肃宗让郭子仪率九节度使进攻安庆绪，二十万步兵、骑兵到达相州城外。安庆绪在相州城内，被郭子仪包围得严严实实。从十月到第二年的二月，城内粮食已尽，到了人吃人的地步。安庆绪已经快坚持不住了，向史思明求援。759年春天，九节度使军猛攻相州城。突然史思明引军来救。史思明从相州城北让军士击鼓威慑唐军，并派精骑五百截断唐军粮道。九节度使60万人在安阳河北布阵，而对手史思明只有区区5万人。但两军正准备交战时，天气突变，狂风大作，飞沙走石，遮天蔽日，大树连根拔起，对面不分物色，白天如同黑夜。唐军阵型不整，史思明军一击，唐军纷纷向南逃奔，人马互相践踏，尸横遍地，辎械满路。这一战是安史之乱中最大一战，可惜是史思明胜了。

史朝义为何杀亲爹史思明?

史朝义是史思明的长子,但是史思明更爱他的小儿子史朝清。他让史朝清守在范阳,带领史朝义外出征战。史思明军队攻到陕州,没有战胜唐朝军队,退居永宁。他命令史朝义修筑三角城,以储备军粮限期一个月修完,史朝义已经把城筑好了,只是没有抹泥,史思明说工程还未完工,骂了起来。史朝义赶紧解释道:"因为手下兵士们太过疲劳,只是让他们休息一下。"但是史思明不依不饶,说:"你爱惜你手下的兵,就能违背我的命令了?"还嘟嘟囔囔说:"等我收了陕州,看我不杀了他。"史朝义知道了,心里特别害怕,在手下骆悦、许季常的鼓动下,史朝义终于决定对父亲史思明动手。

潼关在唐朝为什么重要？

如果你今天到潼关一游，就会发现潼关这个地方真是险要。这个地方北面是黄河，南门是秦岭的华山山脉，只有狭长的沿河地带可以通过，只要把守住沿河地带的潼关城，就可以死死堵住安禄山叛军。秦函谷关因地质变迁失去战略要地的地位，潼关成了进入陕西、关中的要地，是历代兵家必争之地。高祖李渊能够守住关中，潼关就发挥了重要的防守作用。安史之乱，潼关的防守曾决定着双方的命运。结果唐军失去潼关，八百里秦川一马平川，长安城的沦陷只是早晚的事儿，唐玄宗只能赶紧逃离长安。

唐玄宗为何逃到马嵬坡？

安史之乱，潼关失守，长安城门户大开，安禄山大军迫在眉睫。唐玄宗明知长安城守不住，还是表面上装出御驾亲征、誓死抵抗的样子。然而756年六月十二日凌晨，唐玄宗却偷偷带领龙武将军陈玄礼、左相韦见素与右相杨国忠、杨贵妃等亲属，从长安城的延秋门出去。等到渡过了渭河，又命令弄断便桥。到了咸阳的望贤驿，唐玄宗稍事休息，到了中午，皇帝才吃上今天第一顿饭。这顿饭不是珍馐佳肴，而是一位老人献上的麦子做成的饭。吃惯了山珍海味的唐玄宗，这一顿吃得却特别香。遥想唐玄宗与杨贵妃曾经一顿饭吃几十道菜，一盘菜的价钱相当于十户中等人家一年的收入，唐玄宗的心里又是怎样的后悔与心酸呢？第二天，一行人马到达一个叫马嵬的驿站，这个驿站又叫马嵬坡。马嵬驿也叫马嵬坡，是唐朝丝绸之路西行的必经之地。

唐玄宗为何一定要处死杨贵妃？

杨国忠祸国殃民，最终导致哥舒翰失守潼关。潼关失守，长安门户大开。唐玄宗不得不逃离长安，路过马嵬驿。驿站是古代供传递军事情报的官员途中食宿、换马的场所，但是唐玄宗怎么也没有想到随行将士却在这个马嵬驿不再前进。龙武大将军陈玄礼上奏唐玄宗，说安禄山造反就是以诛杀杨国忠为名义，还说杨国忠同随行的吐蕃人要谋反。唐玄宗无奈，只得同意诛杀杨国忠、魏方进等人。但是杀了杨国忠，将士们还不散去。唐玄宗让高力士查明原因，高力士回奏说："诸将既诛国忠，以贵妃在宫，人情恐惧。"将士们认为杨贵妃与杨国忠是亲戚，害怕杨贵妃会加害自己。唐玄宗不得已，只好赐贵妃自尽。杨贵妃最终"缢死于佛室"，时年38。

杨贵妃逃到日本了吗？

不可能。马嵬坡之变，杨贵妃缢死马嵬驿佛室是《旧唐书》《新唐书》明确记载的。两唐书和《资治通鉴》在叙述贵妃之死前后过程是非常一致的。唐玄宗在将士逼迫下，让高力士传诏赐死杨贵妃。杨贵妃缢死的地点就在马嵬驿的佛堂，死后杨贵妃的尸体被放在驿站院子中。陈玄礼等将士验尸确认贵妃死亡的事实后，向唐玄宗重新表示了忠诚。杨贵妃遗体被埋在驿站道路的西侧，浑身裹上紫色的褥子。后来唐玄宗从蜀地回来，一度有改葬的想法，但因为顾及将士的疑虑和惧怕，没有举办大型仪式，只是偷偷让宦官改葬他所。改葬时，肌肤早已腐烂，只有香囊犹在。宦官将香囊献给唐玄宗，唐玄宗看到香囊凄感流涕，让画工将杨贵妃的形象图画于别殿，早晚都要看一看。

唐朝最多时有几个都城？

5个都城。狭义上，唐朝有西京长安和东都洛阳两个都城，长安为主，洛阳为辅。"唐高宗——武则天"时期，两都并重，唐高宗和武则天往返于长安和洛阳之间。唐高宗最终病逝于洛阳。武则天先后废掉唐中宗、唐睿宗，取代唐朝而以洛阳为神都建武周王朝。神龙政变后，随着武则天的去世，唐中宗迁回长安，唐中宗、唐睿宗两朝再也没有回到洛阳。但是到了唐玄宗，又开始了两都之间的往返，直至开元二十四年（736）唐玄宗不再去洛阳。开元二十四年后，唐朝皇帝虽然大多没有再去洛阳，但洛阳终究都是作为东都存在的。唐朝有五都主要是在安史之乱时期。当时唐玄宗逃往蜀郡成都，唐肃宗便以成都为南京，以凤翔府（宝鸡）为西京，以长安为中京，以李渊起兵的龙兴之地太原为北京，形成五京格局。760年，由于唐玄宗重新回到长安，朝廷又改江陵为南京，取代了成都的地位。五京（或曰五都）略有反复，大抵以长安为中心。其实中国古代大多数王朝都有几个都城，明之南京和北京，清之北京和盛京（沈阳）都是类似。

唐玄宗的儿子们在安史之乱表现如何？

安史之乱后，唐玄宗宣布李亨为天下兵马元帅，永王李璘为山南东路黔中江南西路节度使，盛王李琦为广陵郡都督、江南东路淮南道节度使，丰王李珙为武威郡都督。表面上看唐玄宗的布置没有什么问题，但是李亨私自在灵武称帝，唐玄宗在成都被迫成为太上皇。问题就来了，李亨与三位王爷的关系怎么处理？盛王李琦和丰王李珙没有成行，他们承认李亨的新皇帝身份。但是在永王李璘这出了问题，永王李璘不听唐肃宗号令，最终叛乱兵败被处决。其实唐玄宗的儿子们在安史之乱时大多还是比较勇猛的，他们在新皇帝唐肃宗的领导下，逐渐扭转了唐朝的颓势。

永王璘为何造反？

　　永王李璘招兵买马，准备与安禄山的军队应战。但李璘所招募数万士兵，每日耗费巨大。江淮地区所征收的租赋又很多，却没有支援唐肃宗的主力部队。李璘的儿子李偒喜好用兵，和几个谋士都认为天下大乱，李璘手握四道节度使重兵应该占据金陵独霸一方。李璘割据一方就与唐肃宗全国一盘棋的战略发生了严重的冲突。唐肃宗得知后，下敕令让李璘前往蜀地朝见唐玄宗，李璘不听。唐肃宗就任命高适为淮南节度使，征伐永王李璘。让人大跌眼镜的是，大诗人李白也在李璘的幕府中，还写了《永王东巡歌》十一首。永王李璘迅速失败，李白被发配夜郎。不过李白比较幸运的是，还没到夜郎，他就收到了赦免的消息。他的上司永王李璘就没有这么好运了，最终被杀。

李白为何站错队？

安禄山造反，唐玄宗逃到蜀地，路途中任命几个皇子以军职，比如永王李璘就被任命为江淮兵马都督、扬州节度大使。此时太子李亨尚未在灵武即位，永王李璘开始在江淮扬州一带招揽人马。在宣州，永王仰慕李白的才气，便辟李白为从事，李白成为王府僚佐。让李白没有想到的是，后来李亨单方面宣布即位为新皇帝，永王李璘不愿跟从唐肃宗，被定为造反，李白也因此被发配夜郎（贵州）。郭子仪为李白开脱，李白终于得势，顺江而下有了那首耳熟能详的诗歌《早发白帝城》："朝辞白帝彩云间，千里江陵一日还。两岸猿声啼不住，轻舟已过万重山。"这是赦免之后的心情大好！

杜甫得到正式官职却为何又离开权力中心？

长安十年，杜甫没有混出名堂，生活过得十分穷苦。安史之乱反倒给了杜甫一个当官的机会。当杜甫听说唐肃宗已经抵达凤翔的时候，他偷偷溜出长安城，跑到凤翔向肃宗表达了忠心。肃宗很感动，授予杜甫左拾遗的官职。"拾遗"是唐代的谏官，除了左拾遗，还有右拾遗。左拾遗属门下省，右拾遗则属中书省。无论拾遗，还是补阙，都是谏官，主要职责就是补正别人的缺点过失，没有特别具体的事务。中书省主起草，门下省主审核，杜甫任门下省的左拾遗，只是个从八品的小官。但是就这样一个小职位，杜甫仅仅待了8个月就离开了。房琯是杜甫的好友，当时房琯两次败于安禄山手下，战绩不好。唐肃宗肚量小，他始终认为房琯是玄宗旧臣，待局势稍稳，就想把房琯排除出权力中心。可偏偏杜甫在这个时候站到房琯一边，上疏言："罪细，不宜免大臣。"这使得肃宗大怒，诏三司审问杜甫。左拾遗本是谏官，审问杜甫意味着堵塞言路，宰相张镐赶紧为杜拾遗辩解："如果杜拾遗抵罪，那么就没有人敢说话了。"宰相劝解，唐肃宗的气终于消了一半。但终于杜甫还是被贬华州，到华州做司功参军。

安史之乱双方谁更乱？

安史之乱看起来安禄山、史思明这边来势汹汹，唐朝却最终取得了胜利，实际上双方都乱成一团麻。先说唐朝这边。整个安史之乱的八年，唐朝先后经历了三任皇帝，前后分别是唐玄宗、唐肃宗、唐代宗。唐肃宗在灵武单方面宣布称帝，事后才通知唐玄宗，唐玄宗就这样成了太上皇，随即唐玄宗原本授权的永王李璘反倒成了叛乱者，唐朝一度十分混乱。但是唐肃宗也没有看到安史之乱的结束，战争结束前一年他撒手人寰，儿子唐代宗看到了最后。安史这边也非常乱，安禄山占据洛阳后，不久被谋杀，安庆绪做王。但不久安庆绪又被杀，安禄山的老部下史思明当了王，史思明看不上长子史朝义，结果史朝义派人杀了史思明，自己做了王。安史方势力逐渐衰微，唐朝才取得了胜利。

唐朝的军队是外国军团？

唐朝是一个包容性很大的时代，和周边国家、部族互动非常多。唐朝作为世界上最强大的国家，文明繁盛，令四夷崇敬，外族将领也愿意为大唐服务。比如安史之乱前后，就有大量的军事将领不是汉族人。高仙芝是高句丽后裔，仆固怀恩是铁勒人，哥舒翰是突厥人，李光弼是契丹人，安禄山是突厥杂种胡人，史思明也是突厥人。"安史"的大燕和唐朝交战双方很多都不是汉人，只有封常清、郭子仪是纯汉人。

太子李亨为何不跟唐玄宗去四川？

马嵬坡之变，唐玄宗决定迁都成都。但是太子李亨没有去四川，而是带着一部分士兵去灵武。李亨去灵武，其实是帝国最后的希望。李亨带领一干人等到达灵武的时候，身份是皇太子、天下兵马元帅，全盘组织抗击安禄山的重任只好落在李亨身上。但是李亨这个太子当得太憋屈，前有李林甫，后有杨国忠，都与他作对。李亨不仅丢了太子妃韦氏，而且与父亲李隆基的关系也一直不是很融洽。父子之间总是隔着一堵墙，父亲防着儿子篡位，儿子则害怕父亲废掉自己。李亨与李隆基在马嵬坡的分道扬镳，倒是使得李亨可以按照自己的意愿行事。

太子李亨为何另立中央？

李亨单方面宣布称帝，这在中国历史上是十分少有的。像李亨这样不经父皇李隆基允许而单方面宣布自己为新皇帝、李隆基为太上皇的真的是很少。史书上说李亨是在韦见素、房琯、崔涣等大臣的劝进下当上皇帝的。天宝十五载（756）七月十二日，李亨在灵武城的南门城楼，举行了简单的登基仪式，史称唐肃宗。唐肃宗登基后，把年号改为"至德"，唐玄宗被迫成了太上皇。唐玄宗接到来自灵武的消息，也默认了这一事实。

唐玄宗重新回到长安后受到欢迎吗？

至德二载（757）九月，郭子仪收复长安。十月，郭子仪又收复了洛阳。两京的胜利终于让唐肃宗长出一口气，喜悦的心情溢于言表。这时他想到了太上皇李隆基，他邀请太上皇回归长安，太上皇李隆基也非常高兴。当年十二月，太上皇李隆基回到长安，仍然居住在他熟悉的兴庆宫。兴庆宫是唐代三大宫殿中距离百姓最近的皇宫，是李隆基做藩王时的府邸，距离普通百姓最近，西南方紧邻的东市还是长安城的两大市场之一，这里人来人往，人气很旺。72 岁的太上皇偶尔会登上兴庆宫临街的城门，与百姓互动，受到的欢迎让李隆基激动不已。

唐玄宗为何死在太极宫？

李隆基重回长安受到百姓欢迎都被一个叫李辅国的宦官看在眼里，他挑唆唐肃宗与太上皇的关系，说得防着太上皇东山再起。唐肃宗这人本来就多疑，终于听信李辅国的谗言，把太上皇李隆基由南内兴庆宫迁到西内太极宫居住，并把高力士发配到遥远的巫州（今湖南怀化市）。西内虽然也是皇宫，但是李隆基过得简直就是囚徒一样的生活。在太极宫，太上皇李隆基除了想念杨贵妃，就是回忆过去。度日如年的生活终于把这位曾经风华绝代的帝王推向了生命的终点。762年5月3日，李隆基驾崩于西内，终年78岁，埋葬于唐泰陵。比较出人意料的是，李隆基驾崩的同月，唐肃宗李亨也驾崩了。李亨驾崩的这天是5月16日，距离父亲的辞世仅仅不到两个星期。

历史上存在沈珍珠这个人吗？

确实存在，但名字不叫珍珠。沈氏是吴兴地区的大族出身，父亲沈易直做到秘书监。开元年间，沈氏被选入东宫，被赐予太子李亨的儿子李豫。李豫此时是广平王，后来成为唐代宗。天宝元年（742），沈氏和李豫生了唐德宗李适。安史之乱，唐玄宗逃到蜀地，但是大量的亲王、后妃、公主没有跟上大队伍，其中就包括沈氏，和他们一样，沈氏被拘禁在东都洛阳的掖庭。后来广平王李豫破贼，收复东都，把沈氏接到了洛阳宫中。可惜李豫还要北征，没有及时将沈氏接回长安。结果史思明再陷洛阳，沈氏也失踪了。代宗、德宗相继为皇帝，却始终没能找到沈氏。沈氏的故事流传民间，演变为"珍珠传奇"的民间传说。

张巡版的"草船借箭"是什么样？

张巡守雍丘城是"安史之乱"中可歌可泣的一战。张巡的箭射光，竟然上演了一次真实版的"草船借箭"。张巡在晚上令士兵们把事先准备好的稻草人穿上黑衣服，从城上慢慢放下。令狐潮断定是张巡又一次派兵偷袭，赶紧令弓箭手们朝黑衣人射箭，一直射到天空发白。待到天亮，令狐潮才发现雍丘城墙上挂的全都是稻草人。张巡一数，十万支箭，顺利解决军中缺箭问题。不过故事还没完。之后的几天，城墙每到夜里，都会出现稻草人。令狐潮的士兵见状，哈哈大笑，知道又是故技重演，所以支箭不发。然而张巡这次玩真的。他挑选五百勇士，仍然是在夜里像放黑色稻草人一样把他们放下城去。燕军以为这次又是稻草人，理都不理。五百勇士一落到地面，快速突击，突然杀向令狐潮的大营。燕军顿时大乱，自相冲撞、踩踏，仓皇之中四散逃离。

颜真卿有哪三张面孔？

颜真卿的三张面孔分别是为官、为将和做书法家。起初颜真卿在朝中做殿中侍御史、武部员外郎时，但他因为不与杨国忠同流合污，被杨国忠贬到平原郡做太守。所以颜真卿在唐朝是一位大官。安禄山造反，颜真卿和哥哥颜杲卿向河北各郡县传出消息，说朝廷将以荣王为河北兵马大元帅，哥舒翰为副元帅，统兵三十万来战河北。河北十七郡共推颜真卿为大帅，兵力达到二十余万，这大大震动了当时在洛阳的安禄山。所以这时的颜真卿是一位统帅。在很多学习书法的人眼里，颜真卿就是书法家。颜真卿还真是"字如其人"，他的正楷端庄雄伟，行书也写得特别好。

颜真卿为何写《多宝塔碑》？

天宝年间，一个叫楚金禅师的人夜诵《法华经》，诵读的时候仿佛有多宝佛塔出现在眼前，他想把幻觉中的多宝塔变成现实。这份诚意感动了唐玄宗，唐玄宗于是赏赐钱帛，建一座多宝塔。多宝塔于天宝十一载（752）建成，为塔设立的碑文叫作《多宝塔碑》，颜真卿就是被选中书写碑文的那个人。此碑的碑文由岑参的从弟岑勋撰写，字由颜真卿书写，刻碑者则是名家史华。44岁的颜真卿发挥特别出色，写得雄浑豪迈，横、竖笔画对比鲜明，极富节奏、韵律感，把颜体的"筋"完美地表达出来。

颜真卿《颜氏家庙碑》和《颜勤礼碑》纪念的都是谁?

颜真卿就是琅琊颜氏的正宗后裔。五世祖是颜之推,历史上非常有名。四世祖是颜师古,是贞观年间有名的儒家学者。三世祖颜勤礼也就是颜真卿的曾祖父。颜真卿的《颜勤礼碑》是为曾祖父颜勤礼所写的,写此碑时颜真卿已经72岁。《颜勤礼碑》记录了颜勤礼的一生。《颜氏家庙碑》是为父亲颜惟贞所写的,是颜真卿71岁时的作品,还早《颜勤礼碑》一年。《颜勤礼碑》和《颜氏家庙碑》,写得都非常端庄,是学习书法的好碑刻。

写出《枫桥夜泊》的张继是苏州人吗？

"月落乌啼霜满天，江枫渔火对愁眠。姑苏城外寒山寺，夜半钟声到客船。"上过学的朋友们，没有人不熟悉这首《枫桥夜泊》。此诗一出，苏州寒山寺成为著名旅游景点。那么写出这首诗的诗人张继是苏州人吗？其实张继还真不是苏州人，而是湖北襄阳人。关于他的生平，史料不多，只知道他是天宝十二年（753）的进士，和诗人刘长卿是同时代人，刘长卿曾在张继死后写了一首挽诗《哭张员外继》。唐代诗人中，张继不是大家，也不算名家，但他这首《枫桥夜泊》却成为千古绝唱。张继赶上安史之乱，当时只有江南政局稳定，不少文人南下到江苏、浙江一带避乱，其中就有张继。一个秋天的晚上，诗人旅行到苏州城外的枫桥，联想到远处的寒山寺，写下了这首诗。

长安出生的张志和为何写出吴地吴歌《渔歌子》?

张志和祖籍浙江金华,但他在长安行馆出生。因为母亲怀孕期间梦见有神仙献灵龟吞服,所以起初他叫张龟龄。张龟龄早年在长安长大,聪明伶俐,三岁能读书,六岁能作文,过目成诵,还跟随父亲在宫中的翰林院游玩。唐玄宗亲自出题,张志和对答如流。太子李亨也很喜欢他,亲赐御名张志和,从此他开始叫张志和。因为聪明能干,他以弱冠之年在太学结业,被授予左金吾卫录事参军,留在翰林待用,供奉东宫,享受八品待遇。安史之乱,他和舅舅李泌献计于李亨,李亨此时已经成为新皇帝。张志和的仕途平步青云,成为左金吾卫大将军,享受正三品待遇。但是在对待回纥问题上,张志和与唐肃宗产生了矛盾,他被贬为南浦尉。他心灰意冷,以"亲丧"为由辞去官职,来到浙江湖州城西的西塞山。在这里,他写出了《渔歌子》:"西塞山前白鹭飞,桃花流水鳜鱼肥。"在湖州他结识了茶圣陆羽、诗僧皎然和时任湖州刺史的颜真卿,并且有道学著作《玄真子》流传于世。

为何说唐朝赢了，安史之乱却是画不上句号的胜利？

史朝义虽然取代了史思明，但燕国的人心不在他这里，安禄山、史思明的旧将不愿听从他的指挥。唐朝北邙山之战大败史朝义，史朝义逃到幽州李怀仙处，然而李怀仙出卖了他，作为战功献给唐朝皇帝唐代宗。安史之乱终于结束了，却是画不上句号的胜利。因为李怀仙、张忠志、田承嗣等地方藩镇仍然据有较大的政治、军事权力，最为有名的就是李怀仙、田承嗣的"河朔三镇"。他们继续盘踞在安禄山原先所在的幽州等地，与唐朝中央分庭抗礼。著名历史学家陈寅恪甚至说唐代自安史之乱后"虽号称一朝，实成为二国"。藩镇割据、宦官干政、牛李党争成为中唐政治的三大矛盾。

唐朝冷知识

百年中唐·德宗顺宗宪宗穆宗敬宗文宗武宗宣宗

唐朝为何会形成藩镇割据？

藩镇割据通常指唐朝中后期地方将领拥兵自重，在军事、财政、人事等方面不完全受中央政府控制的局面。为何形成这一局面，要追溯到唐玄宗时代。唐朝前期，行政区划只有州、县两级。300多个州之上没有行政权，只有监察权的采访使、观察使，一共有15个。但是唐玄宗要求边功，就在北部设立军镇，这就是节度使制度。为何设立节度使？因为均田制瓦解，均田制为基础的府兵制渐渐被募兵制取代。唐玄宗赋予节度使军事统领、财政支配和监察州县的权力，节度使能够调动地方一切资源从事军事活动。就这样节度使与采访使、观察使权力合二为一，节度使实际上成为州之上的统领。

唐玄宗时期有多少个节度使？

至天宝年间，唐朝已经有9个节度使和2个经略、2个守捉。安西节度使、北庭节度使、河西节度使、朔方节度使、河东节度使、范阳节度使、平卢节度使、陇右节度使、剑南节度使、岭南五府经略使、长乐经略、东莱守捉、东牟守捉。宠臣安禄山甚至兼任河东节度使、范阳节度使、平卢节度使三镇节度使，为"安史之乱"埋下了隐患。安史之乱结束后，由于平乱的主力中央军和地方藩镇势力均等，地方藩镇做大，形成藩镇割据。

河朔三镇是指哪里？

河朔三镇大体是由安禄山做三镇节度使的河东、范阳、平卢发展而来，是范阳节度使、成德节度使、魏博节度使三个节度使的合称。范阳位于今河北省北部，包括北京、保定及长城附近一带；成德位于今河北省中部，包括幽州以南和山西接壤的地区；魏博位于今河北省南部、山东省北部，包括渤海湾至黄河以北。"朔"在文言文中是"北方"的意思，"河朔"实际上就是河北，河朔三镇也可以理解为河北三镇，这大概是河北省较早的地名来源。安史之乱末期，唐代宗将安史降将李怀仙封为幽州节度使，将田承嗣封为魏博节度使，将张忠志（李宝臣）封为成德节度使。他们虽然帮助中央政府平定了安史之乱，却也称霸一方，成为藩镇之患的肇始。所以说安史之乱并没有画上完整的句号，藩镇割据才刚刚开始。

大运河在唐朝发挥了什么作用？

说到大运河，我们很容易想到隋朝大运河和京杭大运河。京杭大运河是由隋朝大运河改道而形成的，河道由"人"字改为"一"字，改曲为直。那么，隋朝的大运河在唐朝有什么作用呢？和隋朝一样，大运河在唐朝仍然维持原来的规模，北运河（永济渠）和南运河（通济渠、邗沟、江南河）在洛阳交汇，成一个"人"字形，南北物资随运河纷纷聚集到洛阳，造就了东都（神都）的辉煌时代，武则天得以立足于洛阳，成就武周伟业。唐玄宗时期，开元二十四年（736）前后打通了洛阳与长安的水路交通，大运河的物资得以从洛阳运到长安的广运潭。安史之乱后，唐王朝之所以在以河朔三镇为代表的藩镇割据的形势下还能挺过150多年，就是仰仗于南运河和长安—洛阳段的水路运输。江浙地区始终直属中央，唐王朝依靠源源不断的物资保障打击藩镇割据势力。难怪唐朝晚期的皮日休在《汴河怀古》一诗中说："尽道隋亡为此河，至今千里赖通波。若无水殿龙舟事，共禹论功不较多。"

唐朝的宦官毒瘤从何时开始？

唐玄宗时期的高力士，一度做到右监门卫将军知内侍省事授三品将军、骠骑大将军，封渤海郡公，诸王公主皆称他为阿翁，外庭官员称他将军。但是论毒瘤，还真不能从高力士算起。高力士处事公允，还算是一位好宦官。真正成为宦官毒瘤的应该从唐肃宗的李辅国、程元振开始。唐肃宗李亨信任李辅国，竟然让他做判元帅府行军司马事，当时尚在战时，郭子仪、李光弼在外对抗安史叛军，甚至都要受到李辅国的辖制。李辅国还掌管四方奏事，可以对呈上来的奏报随意处理。唐肃宗甚至还想给李辅国加上宰相才可以加的"平章事"，结果遭到宰相们强烈的反对，不了了之。李辅国和程元振甚至还立了下一任皇帝唐代宗，这开了特别不好的头，以至于唐朝中后期屡屡出现宦官立皇帝，甚至杀皇帝。

高力士不姓高？

高力士本姓冯，本名冯元一，是岭南大族冯盎的曾孙。但是他因为岭南流人谋反案被判阉刑。698年，岭南讨击使李千里要入宫，就带着冯元一来到武则天面前。武则天看他聪慧机敏，长得也不错，就留在身边侍候。但是因为一个小的过错，冯元一又被武则天赶出。这时一个叫高延福的宦官收留了他，让他做了养子。就这样冯元一改姓了高，还有了新名高力士。高延福出自武三思家，经常和武三思来往，高力士就经常被高延福派往武三思家办事。因为武三思的关系，高力士再次受到武则天的重视，重新召回宫中，隶属司宫台。

为何说唐朝宦官远超东汉、明朝两代的宦官、太监？

763年吐蕃对长安入侵，唐代宗手下的禁军溃败，唐代宗逃往陕州。吐蕃占领了"神策军"的故地，宦官鱼朝恩将流落到陕州的"神策军"编入他和卫伯玉掌控的军队中，前去保护唐代宗。本来"神策军"是西北的防卫部队，这下成了保护皇帝的禁军。等长安被收复，神策军正式成为天子禁军。鱼朝恩从此受到唐代宗的重用，以禁军首领的身份亲自负责皇帝的守卫工作。神策军的入宫，开了宦官掌握禁军的先河，日后宦官正是凭借着禁军把持皇帝，这是唐代宗根本没有想到的。唐朝"南衙北司"之争，南衙的军队是左右金吾卫，北司的军队就是神策军。

德宗时期的"泾原兵变"是怎么回事？

唐德宗武力削藩，但局势有点混乱。建中四年（783）十月，被唐德宗调往淮西前线的泾原兵马途经长安，但是这些士兵没有从皇帝那里得到他们梦寐以求的赏赐，供应的饭菜又都是糙米和素菜，士兵发生哗变，德宗仓皇逃到奉天（陕西乾县），这就是"泾原兵变"。泾原兵迅速占领长安，由于群龙无首，他们从大雁塔所在的晋昌里请出曾担任过泾原军统帅的太尉朱泚。朱泚"失权废居"，欣然接受邀请，骑马奔赴大明宫。不日登基，成为大秦皇帝，年号应天。后来又改国号为汉，年号为天皇。但泾原军、朱泚最终失败，德宗重新回到长安。此一兵变使得德宗成为玄宗、代宗后又一位出京避乱的皇帝，真是颜面无光。

"五言长城"刘长卿传世名作是七言？

刘长卿（？—约789）出生在开元时代，历经唐玄宗、唐肃宗、唐代宗、唐德宗四个时代。他早年尤工五言，自诩"五言长城"，但中年以后阅历加深，创作也多七言唐诗。写《长沙过贾谊宅》尤其跟他的人生经历有关。他年少在嵩山读书，但屡试不中。终于在天宝八载（749）中进士第。但是没过几年他就赶上了安史之乱，从此仕途不顺。唐肃宗至德二载（757），他被谤入狱，十二月遇到大赦，又从海盐县令做起。仕途反反复复，几次调任还都在南方。在睦州做长史期间，他作了《长沙过贾谊宅》。大历八年至大历十二年（773—777）间的一个深秋，他来到长沙贾谊的故居。想起贾谊在汉文帝时代不得大用，联想到自己的身世，不仅感慨万千："三年谪宦此栖迟，万古惟留楚客悲。秋草独寻人去后，寒林空见日斜时。汉文有道恩犹薄，湘水无情吊岂知？寂寂江山摇落处，怜君何事到天涯！"

卢纶的《塞下曲》组诗诞生记

卢纶出生于约742年，去世于799年，活了57岁。他在唐玄宗天宝末年参加科举考试，但是遇到了安史之乱。安史之乱结束，他参加科举考试却屡试不第。宰相元载、王缙先后推荐他，卢纶终于做了秘书省校书郎，逐渐升任监察御史、陕州户曹、河南密县县令。但是元载、王缙获罪，卢纶受到牵连，不仅被取消职位，还被拘禁过。唐德宗继位，泾原兵变发生后，咸宁王浑瑊出镇河中，卢纶就在这时做了元帅府判官，随军出征，写了不少边塞诗，就包括《塞下曲》。《塞下曲》全名《和张仆射塞下曲六首》，我们比较熟悉的是《其二》和《其三》：

其二
林暗草惊风，将军夜引弓。
平明寻白羽，没在石棱中。

其三
月黑雁飞高，单于夜遁逃。
欲将轻骑逐，大雪满弓刀。

因一首《寒食》而被皇帝赏识的诗人

　　韩翃是唐玄宗天宝十三载（754）的进士，但是他运气欠佳，始终没有得到重用，一度在淄青节度使侯希逸那里做从事。后来侯希逸被驱逐，韩翃在长安闲居10年。有一年寒食节，他突然诗兴大发，写了《寒食》一诗："春城无处不飞花，寒食东风御柳斜。日暮汉宫传蜡烛，轻烟散入五侯家。"寒食节在清明节前一日或二日，只吃冷食，称为"寒食禁火"。虽然是这样一个有点肃穆的节日，韩翃却写出了皇城的蓬勃春景，尤其描绘出一种皇室的雍容富贵。这样的诗作非常符合帝王的口味，唐德宗非常喜欢，点名韩翃做他的中书舍人。其实在唐代文学史上，韩翃和李益是大历十才子中最有名的两位。他的诗笔法轻巧，写景别致，在当时传诵很广。

顺宗李诵躺着即位？

因为李诵正患有风病。李诵是唐德宗的长子，早在建中元年就被立为皇太子。但是皇太子李诵患有李唐家族的家族病——风病（高血压、中风），不幸的是在老皇帝唐德宗去世前四个月作为太子的李诵犯病了。他嘴里说不出话，身体也不能动。可是眼看父亲唐德宗就不行了，其他皇子亲戚都来照顾唐德宗，唯独皇太子李诵不能来伺候。唐德宗最想见的就是皇太子，父与子最终没有见上最后一面。唐德宗发丧、出殡，李诵却卧在床上。他只能勉强克服身体障碍，在太极殿即位，史称唐顺宗。帝国皇位继承还算顺利，朝廷没有发生变故。但唐顺宗的身体一直不太好，八个月后他让儿子宪宗即位，自己做了太上皇，不久也离开了人世。

柳宗元和刘禹锡因何双双被贬？

永贞元年（805）唐顺宗继位后，重用了王叔文、王伾以及柳宗元、刘禹锡、韦执谊、韩泰、韩晔、陈谏、凌准、程异十人，进行了一系列政治改革，包括免除民间欠税和各种杂税、禁止官吏额外进奉、收回宦官兵权、抑制藩镇割据势力等。但是这些改革触犯了宦官和藩镇节度使的利益，遭到他们的联合抵制。唐顺宗长期卧病在床，宦官俱文珍联合节度使迫使唐顺宗禅位给太子李纯，唐宪宗继位。王叔文、王伾遭到贬逐，柳宗元、刘禹锡等八人则被贬为遥远地区的司马，人称"八司马"。唐顺宗的改革被称为"永贞革新"，王叔文、王伾这"二王"和柳宗元、刘禹锡等八位司马被贬，则被称为"二王八司马事件"。

《簪花仕女图》画的是什么时候的事？

《簪花仕女图》是唐代画家周昉所绘，一般认为这幅名作画的是安史之乱后唐顺宗贞元年间的唐代宫廷仕女。安史之乱后，皇室粉饰太平，崇尚奢侈之风，宴游风气大开。到了贞元年间更为突出，《簪花仕女图》就如实描绘了奢靡风气下唐代宫廷仕女日常生活的场景。画作不设背景，描绘了六个女人：五位衣着艳丽的贵族妇女和一位仕女。两只小狗、一只白鹤、一株辛黄花使原本显得孤立的人物产生了左右呼应、前后联系的关系。半罩半露的透明织衫显得女人们丰腴而华贵。画作整体体现出唐代中期贵族仕女养尊处优、无所事事的生活情态，透露出娇、奢、雅、逸的时代气息。

韩滉的《五牛图》画的是什么时候的牛？

韩滉的《五牛图》是中国十大传世名作、现存最古的纸本中国画。韩滉出生于723年，逝世于787年。他以门荫入仕，先后做过户部侍郎判度支、晋州刺史、镇海节度使，泾原兵变时深受唐德宗倚重，在唐顺宗时还做了宰相，入朝加同平章事。《五牛图》相传是韩滉出游时目睹田间耕牛有感而画。他见几头耕牛在低头吃草，有的耕牛又翘首而奔、纵趾鸣叫，随即取出纸笔，全神贯注地画出这幅耕牛图景。五头牛从右至左一字排开，各具状貌，每头牛又可独立成章。有人认为五牛寓指韩滉兄弟五人，以忠厚、勤劳、温顺的牛的品性表达忠君的情感。韩滉就任宰相期间非常重视农业发展，以牛为画题，可能也有鼓励农耕的意思。如果真是这样，有可能这幅画作创作于唐顺宗贞元年间。

唐宪宗李纯为何能达成"元和中兴"?

唐宪宗的年号为"元和"。他继位后,学习唐太宗的创业和唐玄宗的治理,把这两位先祖当作自己的榜样。他提高宰相的权威,平定了藩镇叛乱,河朔三镇所在的河北、河南和山东地区重归中央管辖。同时外患吐蕃正值衰弱,政府财政状况也有所好转。致使"中外咸理,纪录再张",唐室中兴,史称"元和中兴"。但是唐宪宗没有解决宦官问题,宦官陈弘志和王守澄因皇位继承问题借助丹药毒死唐宪宗,扶持唐穆宗继位。"元和中兴"只是唐朝中期政治上的一度振作,中兴之后的唐穆宗、唐敬宗是两位败家子,让人大跌眼镜。

唐朝最后一次迎奉佛骨是什么时候？

唐懿宗在位的时候干了一件规模盛大的事，就是举行法门寺佛骨的奉迎活动。唐武宗灭佛后，佛教势力深受打击。虽然唐宣宗陆续恢复了寺院，也没有发展太快。但是唐懿宗不一样，他本人笃信佛教，广建佛寺、大造佛像、布施钱财，大规模法会道场空前兴盛。还没到法门寺佛骨 30 年一开的时候，唐懿宗已经急不可耐。他自己曾亲口对人说："朕如果能亲眼看到佛指舍利，就是死也没有遗憾了！"唐懿宗果然搞了盛大的迎佛骨仪式，迎奉佛骨后还回法门寺。今天从法门寺地宫发现的"捧真身菩萨"和"银金花双轮十二环锡杖"就是唐懿宗敕造的精美文物，当时就是一起埋入地宫的。

韩愈为何硬刚唐宪宗？

唐宪宗晚年笃信佛道，为了长生不老，决定迎奉佛骨到长安。佛骨是什么？就是佛祖释迦摩尼的真身舍利。唐宪宗迎奉的佛骨特指陕西凤翔法门寺的释加牟尼佛指舍利，是左手中指舍利。法门寺舍利从武则天时期就被奉为圣物，整个唐朝都非常被推崇。元和十四年（819），唐宪宗派使者前往法门寺迎接佛指舍利来长安供养，还说奉佛骨可以"岁丰人泰"。举国狂热，韩愈却明确反对，上书《论佛骨表》，认为供奉佛骨实在荒唐，甚至要求将佛骨销毁——"投诸水火，永绝根本，断天下之疑，绝后代之惑"。对于韩愈的上书，唐宪宗非常生气，将韩愈贬为潮州刺史。长安的迎奉佛骨活动如期进行，佛指舍利被迎奉到大明宫。然而只过了一年，唐宪宗就驾崩了，享年42岁。韩愈在下一任皇帝唐穆宗时期才重新回到长安。

韩愈为何写《马说》？

韩愈不是什么贵族出身，三岁就成了孤儿，被大伯养大。后来考科举，他成功考上进士。但是吏部的考试他总是考不上，所以只能给别人做幕僚。徐州张建封聘他为宾佐，只是个吏员。韩愈郁闷至极，写了那首我们耳熟能详的《马说》："世有伯乐，然后有千里马。千里马常有，而伯乐不常有。故虽有名马，祇辱于奴隶人之手，骈死于槽枥之间，不以千里称也……"韩愈自比千里马，感慨遇不到真伯乐。或许这篇散文影响力太大，韩愈被调到中央任了四门博士，后来又辗转为国子博士。

韩愈为何写《师说》？

韩愈在长安做官，屡屡见到科考黑暗、朝廷腐败。他看到当官升职要靠拉关系，不看重真学问，不重视老师，就写了《师说》："古之学者必有师。师者，所以传道受业解惑也。人非生而知之者，孰能无惑？惑而不从师，其为惑也，终不解矣……是故无贵无贱，无长无少，道之所存，师之所存也……孔子曰：三人行，则必有我师。是故弟子不必不如师，师不必贤于弟子，闻道有先后，术业有专攻，如是而已。"韩愈承认学必有师，但"弟子不必不如师，师不必贤于弟子"，跟亚里士多德"吾爱吾师，吾更爱真理"如出一辙。

韩愈的《早春呈水部张十八员外》一诗写给谁?

韩愈很享受在京城的生活,他与诗人孟郊和张籍是好朋友,尤其张籍还没有出名的时候,韩愈努力把他推荐给公卿。张籍终于考上进士,成了水部员外郎。某个初春,韩愈心情大好,想邀请张籍一起出去游玩,诗这样写道:"天街小雨润如酥,草色遥看近却无。最是一年春好处,绝胜烟柳满皇都。"其实《早春呈水部张十八员外》有两首,这是其中一首。诗名中的"张十八员外"就是张籍,因为张籍在张氏大家族中排行第十八。张籍和韩愈年龄差不多,但是出道晚。写《早春呈水部张十八员外》的时候,韩愈时任吏部侍郎,比张籍的官职高出不少。

唐朝为何形成"牛李党争"？

"牛李党争"肇始于唐宪宗，"牛党"和"李党"之间是怎么产生矛盾的呢？这就要说到一场考试。元和三年（808），长安举行科举考试，举人牛僧孺、李宗闵在考卷里批评了朝政。考官认为这两个人符合选择的条件，便把他们推荐给唐宪宗。批评朝政的事传到宰相李吉甫（李德裕的父亲）的耳里，李吉甫认为牛僧孺、李宗闵揭了他的短，于是李吉甫在唐宪宗面前说，牛僧孺、李宗闵这两个人与考官有私人关系。唐宪宗信以为真，没有任用牛僧孺和李宗闵。唐宪宗的决定让朝野哗然，大臣们为牛僧孺、李宗闵鸣冤叫屈，谴责李吉甫嫉贤妒能。迫于压力，唐宪宗只好把李吉甫贬为淮南节度使。李吉甫的儿子李德裕记了仇，以他为核心就形成了"李党"。牛僧孺、李宗闵则形成了"牛党"。牛党和李党日后互相倾轧，形成"牛李党争"。

写《悯农》的李绅与韩愈为何有矛盾？

韩愈长李绅4岁，起初两人是伯乐与千里马的关系。写出《悯农》二首的李绅，没有什么背景。第一次科考失败，但第二次便遇到了伯乐韩愈。韩愈看中了李绅的才华，他当时是四门太学博士，向负责那次科举考试的副主考官陆傪推荐了李绅。李绅中了进士，韩愈的大力举荐起了作用。但是若干年后两人身居高位却产生了矛盾。823年，韩愈从吏部侍郎任上被任命为京兆尹兼任御史大夫，而此时李绅任御史中丞。按照唐代的规定，京兆尹在上任之初要到御史台参见御史中丞。但是韩愈还兼任御史大夫，御史大夫在名义上是御史中丞的上司。韩愈究竟应该以京兆尹身份参见李绅呢，还是以御史大夫身份接见李绅呢？韩愈决定不去见李绅。李绅却直接上书弹劾韩愈，说韩愈不遵礼制，两人闹得不可开交，都非常较真儿。李绅被外贬为浙西观察使，韩愈也被罢免京兆尹，改任兵部侍郎。但是李绅不甘心，找到皇帝唐穆宗哭诉。唐穆宗怜惜李绅，改任李绅为兵部侍郎，韩愈为吏部侍郎。韩愈兜了个圈子又做回了吏部侍郎，李绅则从御史中丞升为了兵部侍郎。

韩愈、柳宗元为何掀起古文运动？

韩愈是诗人，但更大的贡献在于古文运动。宋代文学家苏轼评价韩愈时，说他"文起八代之衰"，这"八代"指东汉、魏、晋、宋、齐、梁、陈、隋。韩愈为什么要搞古文运动？诗词歌赋不好吗？韩愈和柳宗元提倡古文、散文，目的在于恢复儒学的道统，将改革文风与复兴儒学相辅相成。诗词歌赋则太重词藻，很难承载儒学丰富的内容。韩愈提倡古文运动目的在于恢复古代的儒学道统，将改革文风与复兴儒学变为相辅相成，强调文以载道、文以明道。

白居易为何要写《长恨歌》?

唐宪宗初,白居易调到周至做了县尉。县尉不是一个特别忙碌的官,在周至短短的时间,他创作出了一首名诗。一日,他与友人陈鸿、王质夫到马嵬驿附近的仙游寺游览。到马嵬驿就不可能不谈到唐玄宗和杨贵妃,王质夫认为像这么美好的爱情,很值得一写。王质夫鼓励白居易写一首《长恨歌》,自己则写一篇传奇小说《长恨歌传》。为了写好这首长诗,白居易倾注了热情与精力,最终完成了这篇名作。

《琵琶行》的来龙去脉

唐宪宗元和十年（815）六月，唐朝藩镇势力派刺客在长安街头刺死了宰相武元衡，刺伤了御史中丞裴度，还进一步提出要求罢免裴度，以安藩镇"反侧"之心。白居易上书请求缉拿刺客，却被认为是越职行为，朝廷将白居易被贬到九江郡任司马。这让白居易的事业心很受打击，是他思想变化的转折点，从此他早期的斗争锐气逐渐消磨，他开始信仰佛教，不过仍然没有停止创作。

元和十一年（816）秋天的一天，他在湓浦口送客，忽然听到邻舟女子在弹奏琵琶。从琵琶声中，白居易听出是京城长安的风格。白居易询问琵琶女的来历，琵琶女说自己曾是长安的乐妓，流落到此靠弹奏琵琶度日。琵琶女的经历触动了白居易。同样在长安度过青春年华，此时却也在九江郡漂泊。被贬逐的白居易决定把琵琶女的经历写成诗歌，这就是长诗《琵琶行》。

在这首长诗里，他描写了琵琶女高超的弹奏技艺，写了琵琶女不幸的遭遇，其实也暗含着自己无辜被贬的愤懑之情，侧面揭露了中唐时代官僚腐败、民生凋敝等不合理现象。全诗616字，结构严谨，错落有致，情节波澜起伏，一句"同是天涯沦落人"的情感共鸣至今令人动容，是流传至今、脍炙人口的现实主义杰作。

仗义执言的白居易

白居易的《卖炭翁》反映的是中唐时期的"宫市"。唐朝本有专人负责政府采购，但是到了唐德宗贞元时期改为宦官直接办理。贪婪的宦官经常派几百人去长安两市采购，叫作"白望"，但是他们经常不携带任何文书和凭证，看到所需的东西就会用很少的钱"买"下来，口称"宫市"，还要货主送到宫内。

白居易的《卖炭翁》一诗就描绘了一幅卖炭老翁被宦官"宫市"欺凌的事件。卖炭翁辛辛苦苦在终南山伐薪烧炭，然后在大雪天将一车炭从终南山运到长安城内的市场中，希望卖个好价钱。结果这"一车炭，千余斤"，却被"黄衣使者"的宦官"白衫儿"等爪牙仅仅用"半匹红绡一丈绫"就"买"走了。"宫市"影响市场公平交易，宦官中饱私囊、巧取豪夺，严重扰乱市场。白居易希望通过《卖炭翁》一诗反映"宫市"这种不公平的社会现象。直到下一任皇帝唐顺宗即位，"宫市"才被禁止。

白居易的铁杆粉丝

据《酉阳杂俎》记载，白居易有个著名的铁杆粉丝叫葛清。这个人喜欢白居易的诗喜欢到什么地步？《酉阳杂俎》说此人脖子以下纹满了白居易30多首诗，甚至还有配图。《酉阳杂俎》的作者段成式还真见过葛清本人，葛清能记住诗意图的位置。比如提到《泛太湖书事，寄微之》中的"黄夹缬林寒有叶"一句，葛清就会指着一处画有丝带的树。这个叫葛清的人不仅自己看，而且平时闲着没事的时候就光着身子满街跑，用这种裸奔的行为展示自己的独特文身，人称"白舍人行诗图"。

《莺莺传》是元稹自身的经历吗？

《莺莺传》是文学家元稹创作的一篇唐传奇小说。这篇小说讲述的是张生与崔莺莺的故事。后来经过元代戏曲家王实甫的改编成为《崔莺莺待月西厢记》，简称《西厢记》。《莺莺传》讲述的是张生对崔莺莺始乱终弃的爱情故事，起初张生在蒲州对崔莺莺一见倾心，后来张生赴京应试未中，滞留长安却突然变心，认为莺莺是天下之"尤物"。一年后，莺莺另嫁，张生另娶。张生再次路过莺莺家，想以表兄的身份相见，却遭到了莺莺的拒绝。故事的最后写道："唐顺宗贞元元年（785）九月，执事李绅来到我元稹在靖安里的家住宿，我跟他讲了这个故事。李绅觉得故事很奇异，就写了《莺莺传》一诗传播这个故事。"元稹这个人虽然是个文学家，却是有名的渣男。著名史学家陈寅恪就认为《莺莺传》是元稹本人的一段经历，他说："《莺莺传》为微之自叙之作，其所谓张生即微之之化名。""微之"是元稹的字。

《李娃传》中李娃住的平康坊是长安红灯区？

唐代传奇《李娃传》是白居易的弟弟白行简创作的作品，被收录于《太平广记》。故事讲述唐玄宗天宝年间，一位出身于地方名门的年轻人来到长安准备参加科举考试。在一次游完东市后来到东市旁边的平康坊。他准备去平康坊的西南访友，但在一个叫鸣珂的巷子里看到一个叫李娃的女人，这个女人在自家的宅子里站着，妖娆的姿态吸引了年轻人。故事从此展开，李娃原来是唐朝妓女。但两人互生情愫，故事几经辗转，两人终成眷属。那么，传奇中提到的平康坊在长安城有什么特殊之处呢？《开元天宝遗事》中曾这样描述平康坊："长安有平康坊者，妓女所居之地也，京都侠少，多聚于此。"平康坊确实有很多妓女，是中国历史上可考的第一个红灯区。不过唐朝的青楼女子，吹拉弹唱、吟诗作对样样精通，一般以卖艺为主。平康坊有很多妓馆，甚至很多进京赶考的举子就寓居在相好的青楼女子家中。所以《李娃传》中的故事、情境是有历史原型的。当然，平康坊作为长安城邻近太极宫、大明宫、兴庆宫的"贵族"里坊，不可能只是红灯区，很多达官贵人也住在这里，比如李林甫。

为何唐代文人都爱登乐游原?

宇文恺在最初设计大兴城的时候,基本遵循北高南低的原则,结合《易经》设计了整座城市。所以隋唐时代的长安百姓往北看去,里坊、皇城、太极宫、大明宫逐渐升高,尤其西内和东内两大宫殿高高在上,展现出皇家的高贵气质。但这样一个地理形势只有一个例外,就是位居东南的乐游原。乐游原高出周边很多,是长安城里坊区少数可以与宫殿平视的地方。乐游原又有青龙寺,文人墨客经常来到这里观赏风景。比如李商隐在《登乐游原》中就写道:"向晚意不适,驱车登古原。夕阳无限好,只是近黄昏。"李商隐来乐游原看夕阳,竟然要"驱车登",可见乐游原之高。白居易更是在《登观音台望城》一诗中勾勒了长安城的美丽画卷:"百千家似围棋局,十二街如种菜畦。遥认微微入朝火,一条星宿五门西。"诗名中的观音台就是青龙寺内的高台,此时这座寺院还不叫青龙寺,而是叫观音寺,台子故名观音台。

李商隐的恩人

李商隐从小就能写文章,还没有参加科举考试,就受到了河阳节度使令狐楚的青睐。李商隐起初只爱写古文,不喜欢对仗。令狐楚却是写官样文章的高手,他看中李商隐的才能,希望李商隐也能写章奏这类的官样文章。但是这种文章怎能不需要对仗呢?令狐楚便把自己写作的秘诀统统教给李商隐,李商隐从此成了令狐楚的笔杆子。李商隐后来不仅会对仗,更能写出一手好诗。可惜李商隐刚刚做秘书省校书郎没多久,恩师令狐楚便病故了,时年 72 岁。

李益的《夜上受降城闻笛》写于什么时候？

李益生于746年，卒于829年，享年83岁，历经玄宗、肃宗、代宗、德宗、顺宗、宪宗、穆宗、敬宗、文宗9位皇帝，是唐代最长寿的诗人。他在769年考中了进士，初任郑县主簿。三年期满，他又到凤翔节度使李抱玉的幕府里任职。又过三年，他到灵武，依附于朔方节度使崔宁，在这期间，他写下了《夜上受降城闻笛》。受降城有东、中、西三城，都在今内蒙古自治区境内。李益以边塞诗著名，这首《夜上受降城闻笛》抒发了戍边将士的思乡之情，从多角度描绘了戍边将士浓烈的乡思和满心的哀愁之情。

柳宗元的《江雪》反映了什么心境？

"永贞革新"失败，柳宗元被贬为邵州（今山西垣曲）刺史。还在赶往邵州的路上，又被贬为永州（湖南永州）司马。要知道在唐朝永州这样的南方，条件是比不上北方邵州的，这个地方山峦崎岖不平，环境充满瘴气。当时没有人愿意到永州工作，但是柳宗元不仅干了下去，还写出了文学史上著名的《捕蛇者说》和《永州八记》，《永州八记》包括《始得西山宴游记》《钴鉧潭记》《钴鉧潭西小丘记》《至小丘西小石潭记》《袁家渴记》《石渠记》《石涧记》《小石城山记》。柳宗元在永州也写诗，我们最熟悉的就是那首《江雪》："千山鸟飞绝，万径人踪灭。孤舟蓑笠翁，独钓寒江雪。"

初读此诗，我们眼前浮现的是冰天雪地之间一位老翁独钓寒江的风景。其实这位老翁又何尝不是柳宗元遭受打击之下内心的真实写照呢？流放十年，心已成冰，柳宗元再也没有机会回到朝廷。永州司马任满，柳宗元又被调到柳州且病逝在那里。

刘禹锡晚年为何和白居易交好？

刘禹锡早年和白居易没有太多交集，但是晚年成了好朋友。在扬州，他第一次见到了白居易，酒局上开怀畅饮，互相答赠诗歌。白居易给刘禹锡先写了首《醉赠刘二十八使君》，刘禹锡则回赠了《酬乐天扬州初逢席上见赠》："巴山楚水凄凉地，二十三年弃置身。怀旧空吟闻笛赋，到乡翻似烂柯人。沉舟侧畔千帆过，病树前头万木春。今日听君歌一曲，暂凭杯酒长精神。""沉舟侧畔千帆过，病树前头万木春"一扫刘禹锡多年被贬地方的郁闷！刘禹锡与白居易在扬州的相遇，注定了两人后半生的友情。后来刘禹锡又辗转中央与地方之间，最终落脚于洛阳，为太子宾客，分司东都。此时的白居易也已定居洛阳，两人竟然在晚年成了最为亲近的好朋友。

柳宗元和刘禹锡的患难真情

朗州司马任期满,朝廷要把刘禹锡调任播州刺史。播州在今天贵州遵义,对于刘禹锡而言真是太远了,刘禹锡还有老母亲要照顾。作为刘禹锡的好友,柳宗元知道这个消息后,上表朝廷,表示愿意和刘禹锡交换地点,让唐宪宗安排自己任播州刺史,让刘禹锡到柳州来任职。恰好此时宰相裴度也向皇帝上奏此事,刘禹锡最终改任连州刺史(今广西清远),柳宗元继续在柳州任刺史。柳宗元与刘禹锡,患难之时见真情,他们因共事而相识,因文才而相交。

柳宗元离开长安为何再没回来？

"二王八司马事件"后，作为其中的八司马之一，柳宗元被贬为邵州（山西垣曲）刺史，没想到还在路上又被贬为永州（湖南永州）司马。永州司马任满，元和十年（815）柳宗元被派往柳州（广西柳州）做刺史。从地理上看，从长安到山西，再从湖南到广西，其实是离中央越来越远了。柳宗元也因为在柳州任上做得好而被传为"柳柳州"。可惜柳宗元终于没能等到回到长安的那天，元和十四年（819）十月五日他死在柳州，时年47。他的妻子和儿女被观察使裴行立接回京师，他的遗体则埋到长安少陵原。

刘禹锡的《陋室铭》写的是哪里？

刘禹锡虽然也被贬到地方，但他寿命长，几经辗转，还是一度回到长安，最终落脚到东都洛阳。在湖南任朗州（常德）司马十年后，元和十年（815），刘禹锡被宰相武元衡召还，安排在郎署。但是因为刘禹锡做了首《游玄都观咏看花君子诗》讽刺了执政者，再次被贬播州（贵州遵义）刺史。播州太远，改任连州（广东清远）刺史。随后刘禹锡又被任为夔州（重庆奉节）刺史，到长庆四年（824）调任和州（安徽和县）刺史。在和州，刘禹锡只有一间仅能容下一床一桌一椅的小屋，他称为"陋室"。他写出《陋室铭》，并请人刻上石碑，立在门前。

武元衡遇刺案

公元815年（元和十年）六月初三，天色未明，宰相武元衡骑马由居住的靖安坊出发，沿宽阔的朱雀大街赴大明宫上早朝。武元衡在卫队的簇拥下，忽然听到道路旁边树丛中有人高呼"灭烛"，一支冷箭射中武元衡的肩部，紧接着刺客们一拥而上，当街把武元衡刺死，并割下了首级。

武元衡遇刺案影响恶劣，国都长安竟然发生了宰相被杀事件，当日朝臣不敢上朝。唐宪宗本来准备在延英殿召见宰相，听到武元衡死讯，悲哀痛哭，一天没有进食。终于下诏说："能捉拿凶手者，赏钱千万，授五品官。与贼人同谋但能离开贼人而自首者，也赏。如果违令不听，灭族！"

凶手是谁？经过长安城全城大搜捕，有人说在事发前曾经威胁武元衡的成德进奏院中有一位叫张晏的人跟凶手的身影很相似。唐宪宗火速将张晏缉拿拷问，张晏承认自己就是杀害宰相的凶手。进奏院是藩镇的驻京办事处，成德进奏院的背后显然是成德镇节度使王承宗。但唐宪宗征讨淮西的战争仍然僵持不下，他还不敢将矛头指向王承宗。为了尽快安抚人心，唐宪宗在武元衡被刺后的第25天下诏将张晏以凶手名义处死。出乎意料的是，平卢淄青节度使李师道属下的两个军将訾嘉珍、门察在供认李师道计划袭击洛阳一案中，透露当初指使刺杀武元衡和裴度的也是李师道。真相大白，但唐宪宗隐忍不发。直到讨伐吴元济的淮西战争结束，唐宪宗才对李师道下手，王承宗也上表改过自新，将两个儿子送到长安为人质。

　　李师道为何要刺杀武元衡？唐宪宗为何开始认为是王承宗派人刺杀武元衡？主要原因是武元衡和裴度是朝廷内坚决主张平定藩镇的大臣。武元衡死后，逃过一劫的裴度继续辅佐唐宪宗削藩，终于平定了淮西吴元济、平卢淄青李师道和成德王承宗的藩镇割据，取得了"元和中兴"。

写出《小儿垂钓》的胡令能是个隐士?

"蓬头稚子学垂纶,侧坐莓苔草映身。路人借问遥招手,怕得鱼惊不应人。"这首胡令能的《小儿垂钓》,我们再熟悉不过了。但很少有人了解胡令能这个人。与白居易、韩愈这种大官不同,胡令能一生都隐居在河南郑州的中牟圃田。他家里很穷,年轻时以修补锅碗缸盆为生,人称"胡钉铰"。有趣的是,这样一个人竟然写得一手好诗。他的诗语言浅显却构思精巧,生活情趣很浓。为什么他有这样的诗才?传说他有一次做梦,梦里的人将一卷书放到了他的肚子里,于是他就很会吟咏诗歌。《全唐诗》现存他的诗歌有四首,全部都是七绝体。《小儿垂钓》是最有代表性的一首。

因韩愈改变的人生

贾岛早年家境贫寒，离开范阳（北京房山）老家后，因生计无落，出家为僧，法号无本。他来到洛阳龙门的香山寺，结识韩愈，成为忘年之交。贾岛又随韩愈来到长安，入居青龙寺。在韩愈的说服下，贾岛决定回到故乡范阳，准备科举考试。812年，贾岛从范阳来到长安还俗，并首次参加了科举考试。可惜贾岛落榜了，开始了他长达10年的漂泊生涯。822年，他终于在长安考取进士，可惜因为《病蝉》一诗讽刺了公卿，被认为是举场十恶，又被贬谪。贾岛最终做了四川长江（遂宁市大英县）县主簿，终生郁郁不得志。但是他还是非常感谢韩愈的，比如他写给韩愈的诗《寄韩潮州愈》就写道："此心曾与木兰舟，直至天南潮水头。隔岭篇章来华岳，出关书信过泷流。峰悬驿路残云断，海浸城根老树秋。一夕瘴烟风卷尽，月明初上浪西楼。"

《马诗》组诗二十三首

　　李贺（790—816）是河南府福昌县昌谷乡（今河南省宜阳县）人，但他出身于唐朝宗室大郑王李亮房，也算是李唐宗亲。因为科举不顺，最后以门荫入仕，得以任奉礼郎，从九品。在"牢落长安"的3年官场生活中，李贺耳闻目睹了中唐时代的官场生态，对当时的社会状况有了深刻的认识。个人虽然工作、生活不如意，却创作了一系列作品，其中就包括《马诗二十三首》。我们最熟悉的是《其五》："大漠沙如雪，燕山月似钩。何当金络脑，快走踏清秋。"李贺虽然以马为诗名，却是表达自己怀才不遇的感慨和建功立业的抱负。李贺在中唐诗坛乃至整个唐代文坛的地位，主要也是由这一时期的近60首作品奠定的。

大明宫为何会发生"染工暴动事件"？

唐敬宗沉湎于游乐，根本不把国家大政放在心上，甚至连自己居住的宫殿大明宫都疏于管理，以致发生"染工暴动事件"。824年夏四月丙申，曾经在大明宫做过染工的张韶带着100多人冲入大明宫的西门——右银台门。此时唐敬宗尚在左银台门不算太远的清思殿打马球。只见张韶这100多人从右银台门杀往左银台门，如入无人之境。唐敬宗赶紧从清思殿逃出东门，来到左神策军军营。而张韶则来到清思殿，还登上御榻吃起东西来。左神策军兵马使康艺全率军平叛，经过一日战斗，消灭了张韶等人。第二天，唐敬宗重新回宫，群臣称庆。但这事确实是一桩丑闻。

唐敬宗死于宦官之手？

唐敬宗游乐无度，政事不管，却十分爱玩乐。这位皇帝爱好马球，有时到中和殿，有时到飞龙院，大明宫到处都有他打马球的场地。唐敬宗还特别喜欢打猎，平时白天玩不够，还深夜带人去抓狐狸，宫中称为"打夜狐"。宝历二年（826）十二月初八，唐敬宗又一次去"打夜狐"。打完夜狐，唐敬宗还宫喝酒。酒酣耳热，入室更衣。突然大殿灯烛熄灭，宦官刘克明、苏佐明等人杀死唐敬宗，这位 17 周岁的皇帝就这样一命呜呼了。刘克明等宦官为何要杀唐敬宗？因为但凡唐敬宗打猎收获不多、心情不好就会打骂宦官、力士，使其轻则受伤、致残，重则当场毙命。刘克明等宦官杀死唐敬宗，改立唐文宗李昂。

"甘露之变"是怎么回事？

唐文宗不甘于宦官干政，重用李训和郑注试图除掉宦官势力。李训求功心切，想在大明宫率先下手。太和九年（835）十一月二十一日，李训在左金吾院布署兵力。文宗上朝后，他假称金吾院夜降甘露，宦官、神策军中尉仇士良、鱼弘志只得扈从文宗前往观看。他们从北到南来到接近金吾院的含元殿后，仇士良发现左金吾卫将军的脸色不对，微风吹起帷帐显出埋伏的兵士。见势不好，仇士良赶紧裹挟着文宗往北夺路而逃。李训没有得逞，群臣却倒了霉。仇士良关上宫门，大杀宫内大臣，死伤无数。"甘露之变"后，宦官更加盛气凌人，皇权受到践踏。

《开成石经》为何珍贵？

《开成石经》是中国历史上第三次大规模刻经，中国历史上有七次大规模刻经，分别是：

第一次，《熹平石经》，东汉灵帝熹平年间刊刻；
第二次，《正始石经》，三国魏正始年间刊刻；
第三次，《开成石经》，唐文宗开成年间刊刻；
第四次，《广政石经》，五代十国后蜀广政年间刊刻；
第五次，《嘉祐石经》，北宋嘉祐年间刊刻；
第六次，《绍兴石经》，南宋绍兴年间刊刻；
第七次，《乾隆石经》，清乾隆年间刊刻。

这七次刻经，只有《开成石经》和《乾隆石经》保存最完整。《开成石经》被保存在西安碑林，《乾隆石经》被保存在北京孔庙。《开成石经》能被完整保存1400年，尤为不易。

文宗李昂为何刊刻《开成石经》？

唐朝虽然出现雕版印刷，但并不普及。所以唐朝人要想得到书，只能用传抄的方式复制。而与考试有关的儒家经典供不应求，传抄却容易造成大量笔误和各种混乱。唐文宗时期的国子监郑覃建议大规模刊刻一次儒家经典。唐文宗接受郑覃的建议，开始了长达7年的石经刊刻项目。石经选择了当时认为最重要的12部儒家典籍，包括《周易》《尚书》《诗经》《周礼》《仪礼》《礼记》《春秋左氏传》《春秋公羊传》《穀梁传》《论语》《孝经》《尔雅》。全部经书由艾居晦、陈玠等人用楷书书写，刻到114块巨大青石上。由于整个项目持续到开成二年（837）才完成，史称《开成石经》。明代以此经为中心建成了西安碑林，并补刻了宋代以后流行的《孟子》一书。

李唐皇室为何信道教？

李唐皇族出身北朝军户，并非名门望族。李渊、李世民父子在隋末争霸战争中为了抬高门第，便利用道教祖师老子李耳的声望，宣扬唐朝李家是老子李耳后裔。一些道教上层人物，为了争取新统治者对道教的支持，也到处制造"老君显灵"，迎合李唐统治者。唐高宗时追封老子为"太上玄元皇帝"，令天下各州都置道观一所，又下诏以《道德经》为上经，作为科举考试的正式科目。虽然武则天当政时，佛教一度力压道教，但是"神龙政变"后，李唐王朝继续尊崇道教，唐宪宗、唐武宗都是非常有名的道教徒。

乐山大佛是何时雕刻的？

乐山大佛全名嘉州凌云寺大弥勒石像，其修建持续了约 90 年。乐山这个地方是岷江、青衣江、大渡河三江汇聚处，水势凶猛，经常船毁人亡。一位叫海通的禅师决定修建一座大佛，减杀这里的水势，他招集人力物力开始修凿。大佛像于唐玄宗开元元年（713）开始修建，当大佛修到肩部的时候，海通和尚去世了，工程一度中断。多年后，剑南西川节度使章仇兼琼决定捐赠俸金，让海通的徒弟和工匠继续修造。工程浩大，朝廷下令将麻盐税款用于修造大佛，工程进展迅速。但大佛修到膝盖的时候，章仇兼琼升职了，到长安做户部尚书，工程再次停工。40 年后，剑南西川节度使韦皋继续修建大佛，用的也是自己的俸金，至唐德宗贞元十九年（803）终于完工。三代工匠的努力终于取得了最终成果。

大雁塔为何能在武宗灭佛时存留下来？

唐武宗本人是一个儒家思想根深蒂固的人，他认为只有儒家思想才是治国的根本，唐武宗认为佛教的火爆已经影响到统治。他继位后，决定对佛教开始整顿。会昌二年（842），唐武宗令僧尼中的犯罪者和违背戒律的人还俗，并且没收他们的全部财产，充入税收，严格限制僧侣人数，不得私自剃度。会昌四年（844），下令拆毁房屋不满两百间的寺院、佛堂。会昌五年（845）是灭佛的高峰。唐武宗下令40岁以下的僧尼全部还俗。寺庙大量拆毁，天下所拆寺院4600余所，收寺院上田数千万顷，还俗僧尼26万余人，收相关奴婢15万余人。他最终决定长安和洛阳各保留四所寺院。在长安，东街为万年县，保留慈恩寺和荐福寺；西街为长安县，保留西明寺和庄严寺。这四所寺院，今天仍然存在两所，就是拥有大雁塔的慈恩寺和拥有小雁塔的荐福寺，其他如成都大圣慈寺、北京法源寺（唐为悯忠寺）也躲过此劫难。

一场传奇偶遇

崔护因一首《题都城南庄》给后代留下了关于"人面桃花"的无限遐想。唐代孟棨在《本事诗·情感》中记载：唐朝诗人崔护，清明节一个人在长安城南游览。忽然见到有个人家的宅子四周都是桃花，崔护敲门讨碗水喝，一个女子开了门并给了崔护水喝。两人一见倾心，但后来并没有联系。

第二年同样是清明节这天，崔护又来到这个宅子，但是没有见到这个女子，门也是锁上的。崔护有点失落，赋诗一首："去年今日此门中，人面桃花相映红。人面不知何处去，桃花依旧笑春风。"此诗很有传奇色彩，近代戏剧家欧阳予倩曾就这个故事创作了一出京剧《人面桃花》，后来不断被改编为评剧、越剧、秦腔及影视剧等。

唐朝人温庭筠为何是后蜀《花间集》认定的"花间派"鼻祖?

温庭筠是唐朝人,生平约801—866年(一说824—882)。他是唐初宰相温彦博的后裔,是晚唐诗人、词人。他仕途不举,只是任过很低的官,比如国子监助教、方城尉。但是他在诗词上的创作却非常有名。他在诗歌上与李商隐齐名,时称"温李",他在词上则与韦庄齐名,并称"温韦"。他通音律,尤其在词作上更是精益求精。他的词上承南北朝齐、梁、陈的宫体余风,下启花间派、宋词,是民间词转为文人词的重要标志。

温庭筠"花间词祖"的定位,缘于一部词集,那就是《花间集》。这部词集编选于五代十国的后蜀,由赵崇祚于940年编辑。赵崇祚将温庭筠的66首词作放在《花间集》的开头,可见对温庭筠的重视。《花间集》标志着花间词派的诞生,下启宋词中的婉约派,温庭筠这位唐人也成为一代词宗。

女诗人鱼玄机是温庭筠的忘年交？

鱼玄机（约844—868）是晚唐女诗人。她在唐懿宗咸通年间（860—874）是补阙李亿的小妾，李亿的妻子不喜欢她，把她撵出了李家。

鱼玄机在长安咸宜观出家为女道士，所以鱼玄机是以女道士的身份出没于长安城的。她聪明有才，爱读书，更爱写诗。与李冶、薛涛、刘采春并称唐代四大女诗人。温庭筠很喜欢她，和她为忘年交，两人唱和特别多。可惜鱼玄机因为私刑打死了侍婢绿翘，被京兆尹温璋处死。鱼玄机现存诗五十首，被收于《全唐诗》。

许浑为何要写《咸阳城东楼》一诗？

许浑（791—858）是唐高宗时宰相许圉师裔孙，早年屡试不第，终于在 41 岁的时候中了进士。唐宣宗大中三年（849）做了监察御史，大概《咸阳城东楼》就写于这个时候："一上高城万里愁，蒹葭杨柳似汀洲。溪云初起日沉阁，山雨欲来风满楼。鸟下绿芜秦苑夕，蝉鸣黄叶汉宫秋。行人莫问当年事，故国东来渭水流。"《咸阳城东楼》又叫《咸阳西门城楼晚眺》，是诗人在秋天的傍晚，登上咸阳古城楼的即兴诗作。诗人借秦苑汉宫的荒废，抒发了对家国衰败的无限感慨。许浑写诗以怀古见长，除了《咸阳城东楼》，他还有《凌歊台》《金陵怀古》《姑苏怀古》《故洛城》，皆为登临怀古的名篇。

《玄秘塔碑》为谁而写？

《玄秘塔碑》全称《唐故左街僧录内供奉三教谈论引驾大德安国寺上座赐紫大达法师玄秘塔碑铭并序》，这块碑是唐武宗为纪念大达法师所立的。为何给这个法师立碑呢？因为这个大达法师在德宗、顺宗、宪宗三朝都受到恩遇。当时唐文宗比较尊敬他，让时任宰相的裴休撰文，书法家柳公权书丹，刻成碑以纪念大达法师之事迹。

有意思的是，刻完《玄秘塔碑》却到了会昌元年（841）。会昌是唐武宗的年号，唐武宗在会昌二年（842）就开始大规模灭佛，《玄秘塔碑》能在那个灭佛的时代存活下来非常不易！《玄秘塔碑》成，柳公权的柳体也彻底成熟，这块碑成为历朝历代学习楷书、学习柳体的代表作。

柳公权曾被罚一季俸禄？

这事发生在唐宣宗大中十二年（858）正月初一的元日大朝会。百官之首、大书法家柳公权时任太子少师，但是他已年近80，而要登上含元殿的大殿需要走大段坡道，步行至殿堂他已精疲力竭。照例在含元殿举办完朝贺大典后，群臣要向皇帝册赠尊号。柳公权需要带头宣读尊号。这年群臣给唐宣宗的尊号为"圣敬文思和武光孝皇帝"，结果柳公权把"和武光孝"读成了"武光和孝"，所以从柳公权口中说出来就是"圣敬文思武光和孝皇帝"。这可惹了大麻烦，当廷的御史立刻弹劾柳公权。要知道御史的职责就是监督，太子少师柳公权很尴尬，别的大臣赶紧说情，解释柳公权年老、糊涂所致，还请唐宣宗开恩。最终柳公权的官位是保住了，工资却被罚了不少，被罚了整整一个季度的俸禄。

唐朝冷知识

晚唐风云·懿宗僖宗昭宗哀帝

唐朝灭亡为什么要算到唐懿宗头上？

唐懿宗在位期间，沉湎游乐，对宴会、游玩的兴致远远高出国家大事。他即位之初，任用白敏中为宰相。但是白敏中入朝时不慎摔伤，三次上表请求辞职，唐懿宗都不批准，因为唐懿宗正好借故可以不理上朝、不理朝政。

唐懿宗在位14年，任用了21位宰相，相当于两年三个宰相，更迭之快让人眼花缭乱。他在位期间，唐朝发生了"裘甫起义"和"庞勋起义"两次大起义。面对这样一种局面，李漼君臣、朝廷内外仍一味追逐名利，不顾百姓死活。咸通十四年（873）七月，唐懿宗驾崩。"裘甫起义"和"庞勋起义"虽然最终被镇压，但一场规模更大的"黄巢起义"正在酝酿中，大唐王朝已经在风雨飘摇中。

"击球赌三川"

唐僖宗爱打马球。爱玩到什么地步？880年，"黄巢起义"军向长安挺进，唐僖宗竟然在大明宫的清思殿举行了一场马球比赛，比赛的奖品也特别奇葩：任剑南东、剑南西、山南西任何一道的节度使，这三个节度使俗称三川，尤以剑南西的西川节度使为最。

参与此次马球比赛的有陈敬瑄、杨师立、牛勖及罗元杲，主持比赛的是大宦官田令孜。实际上无论谁成为西川节度使，田令孜都成为最终的胜利者。因为他发现黄巢可能随时攻占长安，他需要在三川有一个政治代理人，以便他随时携唐僖宗入川。这样他就可以继续操控政权了。这次"击球赌三川"最终以陈敬瑄的胜利为结束，陈敬瑄夺得第一等，是为西川节度使。

私盐贩们拉起的起义大旗

唐朝为解决财政危机，开元九年（721）开始征收盐税，35年后，至德元年（756）开始实行盐专卖。《新唐书·食货志》载："天宝、至德间，盐每斗十钱，及琦为诸州榷盐铁使，尽榷天下盐，斗加时价百钱而出之，为钱一百一十。"中晚唐时期，政府控制的食盐销售价格一直上涨，可老百姓的生活却日益贫穷，人们无力购买食盐，只好少食甚至淡食。

黄巢为什么会起义？其实黄巢只是跟着王仙芝起义。那么王仙芝为什么起义？是因为唐朝政府的政策触及王仙芝和黄巢的利益。

王仙芝和黄巢本是贩私盐的。唐朝对私盐贩的惩治相当严酷，德宗时规定："走私海盐一石以上，决脊杖二十，征纳罚钱足。"到文宗时，加重为："二石以上者，所犯人处死，并罪及替私盐贩提供出行等便利的其他人员。"私盐贩针锋相对采取了武装贩运的形式。

当时河南、山东大旱，官府却还要催缴租税，百姓走投无路，便聚集在王仙芝和黄巢周围。王仙芝在长垣（今河南长垣东北）起兵，曹州（今山东菏泽）人黄巢在曹州起兵，响应王仙芝。早先在唐懿宗时期参加过庞勋起义的旧部也都纷纷投奔王、黄的义军。后来王仙芝战死，黄巢成为起义军领袖。

"满城尽带黄金甲"是黄巢的诗句?

黄巢家中世代以贩卖私盐为业,自己也颇有几分才气。但是他成年后几次参加科举考试都名落孙山,有一次他满怀愤恨地写了一首《不第后赋菊》:"待到秋来九月八,我花开后百花杀。冲天香阵透长安,满城尽带黄金甲。"此诗虽然写菊花,却非常有杀意。写完此诗,他便离开了长安。他不再参加科举考试,而是继承祖业成为盐帮首领。唐朝晚期打击私盐,触及黄巢利益,他举起义旗,掀起了声势浩大的唐末大起义。

强悍的下属：灭了黄巢又灭唐朝

朱温原本是黄巢手下的一员大将，中和二年（882）二月，黄巢任命朱温为同州防御使，朱温不辱使命，很快攻克同州。河中节度使王重荣联合其他藩镇，挑选精锐甲士准备收复同州。朱温大惧，立刻向黄巢求援，但是他的求援信都被左军使孟楷隐报。形势对黄巢越来越不利，朱温在亲信的劝阻下，决定投降唐朝。

唐僖宗喜从天降，给朱温赐名全忠，朱全忠从此成为右金吾大将军。而黄巢占领长安后，李克用率沙陀军南下攻击黄巢。黄巢在长安坚持了四个月，在李克用一万人的进攻下，撤出长安，逃入商山。李克用追击，黄巢连败。

朱温又在王满渡（今河南中牟）大败黄巢，黄巢逃入泰山，最终被杀。"黄巢起义"失败了，唐朝却没有恢复正常。

权臣朱温借朝廷之名企图消灭群雄，与后来建立了后唐的李克用展开了争霸。朱温最终灭亡了李家王朝，建立后梁。

唐朝的首都居然被攻破 7 次？

唐朝是中国历史上最强大的王朝，但是首都长安却被攻陷了 7 次。

第一次是"安史之乱"的 756 年。高仙芝、封常清、哥舒翰阻挡不了安禄山的铁骑，潼关被攻破，长安门户大开。唐玄宗逃往四川。

第二次是 763 年，吐蕃攻打长安，唐代宗逃出长安。吐蕃没有长久占领长安，郭子仪再次收复长安。

第三次是 783 年。唐朝派往征伐藩镇李希烈的军队发生哗变，这就是"泾原兵变"，这些士兵攻破了长安，唐德宗逃出长安。

第四次是 881 年。这一次是著名的"黄巢起义"。黄巢最终在长安大明宫的含元殿称帝。

第五次是 895 年。唐昭宗派兵攻打陇西李茂贞，结果被李茂贞打败，长安被占。

第六次是 901 年，朱温攻破长安，韩全诲和李茂贞挟持唐昭宗逃往凤翔。

第七次是 904 年。这一次严格讲不是攻陷长安，而是朱温胁迫唐昭宗迁都洛阳，将长安城付之一炬。从此，长安再也没有成为国都。

千古风水宝地——唐十八陵

唐朝20位皇帝，除了唐昭宗李晔因朱温迁都被埋到洛阳的和陵（今河南省洛阳市偃师区缑氏镇）、唐哀帝李柷退位被埋到山东菏泽的温陵（今山东菏泽济阴县定陶区），其他18位皇帝都埋在关中。

这18位皇帝的陵墓分布于陕西省渭南市富平县、蒲城县及陕西省咸阳市的三原县、泾阳县、礼泉县、乾县六个县，分别是唐高祖的献陵、唐太宗的昭陵、唐高宗的乾陵、唐中宗的定陵、唐睿宗的桥陵、唐玄宗的泰陵、唐肃宗的建陵、唐代宗的元陵、唐德宗的崇陵、唐顺宗的丰陵、唐宪宗的景陵、唐穆宗的光陵、唐敬宗的庄陵、唐文宗的章陵、唐武宗的端陵、唐宣宗的贞陵、唐懿宗的简陵、唐僖宗的靖陵。西起乾县，东至蒲城县，绵延数百公里，前瞻关中沃野，后枕山峰丘峦，还有沣河、渭河、泾河等缠绕其间，是妥妥的风水宝地。

18个陵墓中最特殊的要属乾陵，因为乾陵实际上埋着两位皇帝，除了唐高宗，还有武周皇帝武则天。

唐昭宗的葬身之地为何在洛阳？

天祐元年（904）八月十一日夜，朱温的手下蒋玄晖和史太带领一百多人来到皇宫。蒋玄晖见到昭仪李渐荣，问她："皇帝在哪儿？"李昭仪大声说："宁可杀了我们，你也不能伤害皇帝！"唐昭宗听到声响，连忙起身，只穿着单衣绕柱躲藏。但这哪里能藏得住？史太发现了唐昭宗，将他杀害，时年38岁。朱温从外地赶来，假模假样地听说皇帝死讯后，哭得死去活来。他从外地赶回洛阳城，趴在棺材前又假模假样地哭了一次，然后把唐昭宗埋在洛阳附近，是谓"和陵"，没有埋到长安。

和陵在今洛阳偃师区顾县镇曲家寨村南地域内，东距唐恭陵约1.5公里，墓冢规模形制较小。2011年，和陵被公布为洛阳市文物保护单位。

哀帝李柷为何埋在菏泽，而不是洛阳或长安？

唐哀帝是在朱温杀死唐昭宗的前提下即位的，当时年仅13岁的他吓破了胆，实际上从他即位起，权力一直在朱温手上。唐哀帝在位期间，一切政事都由朱温决策。朱温代唐已经是历史的必然。

天祐四年（907），哀帝在朱温及其亲信逼迫下"禅让"给了朱温，唐朝就此灭亡。朱温降哀帝李柷为济阴王，迁到开封以北的曹州（山东菏泽）。由于太原李克用、凤翔李茂贞、西川王建仍奉哀帝为天下共主，朱温感到不安，在天祐五年（908）二月二十一日，派人到曹州毒死李柷，死后谥号为哀帝。唐哀帝就这样死在了曹州，孤零零地埋在济阴县定陶乡（今山东菏泽定陶县）。

"罗隐"改名记

"罗隐"本名"罗横",出生于833年,是杭州人。他从小家庭贫寒,但非常用功,擅诗文,所以就想参加科举考试。可惜他从大中十三年(859)开始,28年期间10次参加科举考试都没有考中,史称"十上不第",心灰意冷,改名为"隐"。从此世上少了一个"罗横",多了一个"罗隐"。

罗隐身处乱世,黄巢起义、朱温篡唐,罗隐回到江东,投靠杭州刺史钱镠,钱镠授予他官职,先后任钱塘县令、镇海军掌书记、镇海军观察判官等职。朱温篡唐,他曾劝说钱镠举兵讨梁,但钱镠不愿北上,后来反而建立了五代十国的吴越政权。晚唐的衰败给诗人的内心世界笼罩上一层挥之不去的愁云,为了排解内心的郁闷,罗隐开始注意到自然界的花鸟鱼虫。比如在《蜂》一诗中他就写道:"不论平地与山尖,无限风光尽被占。采得百花成蜜后,为谁辛苦为谁甜?"

后唐为何以"唐"为国号?

唐朝灭亡后,朱温在中原建立了梁,史称"后梁"。但是晋王李克用仍然奉唐朝为正朔,继续沿用唐昭宗"天祐"的年号。李克用去世,儿子李存勖继续做晋王,与后梁争霸。

天祐二十年(923)李存勖灭掉后梁,定都洛阳,改晋为唐,史称"后唐"。李克用、李存勖虽然是沙陀族,但姓氏为李氏,又以唐昭宗的"天祐"为年号,可见他们对李唐王朝还是非常认同的。他们希望继续延续李唐王朝的辉煌,虽然在血统上不是李唐宗亲,却在文化上承袭李唐的辉煌。

李存勖称帝,改元"同光",上承唐昭宗的"天祐",自认为是接续唐昭宗,并在晋阳立七庙。七庙中除了追尊自己的曾祖父为昭烈皇帝(懿祖)、祖父为文景皇帝(献祖)、父亲李克用为武皇帝(太祖),还将唐朝四位皇帝列入七庙,分别是高祖神尧皇帝、太宗文皇帝、懿宗昭圣皇帝和昭宗圣穆皇帝。将自己的曾祖父、祖父、父亲和唐朝的唐高祖、唐太宗、唐懿宗、唐昭宗并列,表达出对唐朝的心理认同。

南唐和唐朝有联系吗？

十国之南唐的创立者——李昪，是唐末大将徐温的养子。有一次徐温打仗，抓到了年纪尚幼的李昪便收养了他，还起名徐知诰。徐知诰在唐末战争中成长，徐温死后，他盘踞江苏扬州，有了自己的势力。被南吴皇帝杨溥封为齐王后，徐知诰渐露狼子野心。937年，杨溥禅位徐知诰，徐知诰则改名李昪，国号为"唐"，史称南唐。他自称是唐玄宗之子永王李璘的后代、唐宪宗之子建王李恪的四世孙，永王李璘曾在江浙一带活动，而李昪也在这一带称王。937年恰好是后唐被灭的年份，李昪在这年继续用"唐"为年号，象征着李唐王朝并没有灭亡，继续李唐宗室的复兴。

唐代的木建筑为何要到山西去看？

如果你想看现在唐代木建筑，一定要去山西。仅存的几座唐代建筑都在山西，这要归功于梁思成和林徽因夫妇。那是在1937年"卢沟桥事变"爆发时，两人忽然发现五台山佛光寺唐代大殿，推翻了日本学者此前关于中国已经没有唐代木构建筑，只有日本才保存有唐代木构建筑的断言，震惊了世界。

已发现的唐代建筑遗存现在有四座，都在山西，分别是：五台佛光寺东大殿、五台南禅寺大殿、平顺天台庵大殿和芮城广仁庙正殿。

到哪里找寻我们的大唐？

今天的人如何研究、发现历史？主要通过传统文献、出土文献、文物和历史遗迹。关于唐朝，这方面的资料是不少的。

你可以通过图书、史料重温大唐。《旧唐书》《新唐书》《资治通鉴》是记载唐代历史最为基本的史料；隋唐墓志、敦煌文书和吐鲁番文书则是专业研究者必须研读的出土文献。你也可以从唐代文学作品中领略大唐的风貌，《全唐诗》《李太白全集》《杜工部集》等诗集可以满足你的想象力，唐代传奇、笔记小说则可以加深你对唐代民间市井生活的认知，《通典》《唐会要》《册府元龟》等史料、文集则能提供资料上的补充。想更直接感受大唐文化要到博物馆和西安、洛阳这样曾经做过唐代都城的城市里，大雁塔、龙门石窟等历史遗迹能给你更直接的视觉冲击。

唐人街的来历

唐人街是华人在其他国家城市聚居的地方。为什么不叫汉人街、宋人街、明人街？主要还是因为唐朝对海外有巨大的影响力。

唐人街最早叫大唐街，始于唐朝时期的日本。在宋代，"唐"已经成为东南海外诸国对中国的代称。历经宋元至明清，外国人也习惯将中国或与中国有关的事物叫"唐"，中国人也被称为"唐人"。

19世纪，中国与西方的贸易渐多，洋人便将中国人的聚集地称为"唐人街"。比如1887年曾任驻外公使随员的王咏霓在《归国日记》中就写道："金山为太平洋贸易总汇之区，华人来此者六七万人，租屋设肆，洋人呼为唐人街。六会馆之名曰三邑，曰阳和。"英语中称唐人街为 Chinatown，读音上也非常相似。

唐朝没有隋朝有钱？

唐朝有289年，隋朝只有37年，似乎唐朝要比隋朝强大得多、富有得多。实际上这是一种假象。

唐朝至少在开始的一百年是不如隋朝的，直到唐玄宗的开元时代才渐渐赶上甚至超越。人口是古代社会强弱的一个标准。隋文帝581年登基时，"得户三百六十万，开皇九年平陈，又收户五十万"（杜佑语）。隋文帝统一全国时有410万户、约2900万人。隋文帝又通过"大索貌阅"查处大量隐漏人口，到隋炀帝大业二年（606）"有户口八百九十万矣，此隋之极盛也"（《通典》），《隋书·地理志》记载的各郡人口相加总计908万户，比《通典》的记载还多。

而唐朝高祖武德年间有200余万户，太宗贞观十三年（639）有304万户，高宗永徽三年（652）有380万户，中宗神龙元年（705）有615万户，到754年安史之乱前夕才有户数8914709、口数52880488。也就是说天宝年间户数才超过了890万，追上了隋炀帝时期。虽然说人口的多寡不能完全反映社会的贫富程度，但在中国古代，但凡是盛世如"文景之治""开元盛世""康乾盛世"都是人口很多的时代。对于隋朝的富庶，连伟大的唐太宗也是承认的。以至于唐太宗终其一生也不敢到泰山封禅，财富不及隋朝可能是其中一个原因。

铁打的贵族，流水的政权

隋唐上承魏晋南北朝，有浓厚的贵族传统。隋唐两朝虽然是两个朝代，但很多家族贯穿隋、唐两朝。最明显的是北朝北魏、西魏、北周，南朝宋、齐、梁、陈和隋朝皇族在唐朝仍然有较高的社会地位，北魏和西魏的元氏，北周的宇文氏，齐、梁的萧氏和隋朝杨氏屡出唐朝高官、贵戚。

宇文氏是北周皇族，宇文恺在隋朝设计了长安城和洛阳城，宇文化及杀死了隋炀帝杨广终而被灭，但他的弟弟宇文士及是唐朝的功臣，做到唐朝宰相。弘农杨氏不仅出了隋文帝、隋炀帝，更是在唐朝出了杨贵妃，武则天的母亲也是来自这一家族。独孤信的长女是北周静帝皇后，七女是隋文帝皇后，四女是李渊的母亲，独孤家族长期在隋唐两朝任高官。北方"五姓七宗"、东南士族和京兆韦杜也常居高位。比如范阳卢氏，北魏分裂卢靖三子分别担任西魏、北齐、北周三国帝师，至唐朝仍被视为一流门第，不仅出了卢照邻，还先后出宰相八人。唐朝贵族不仅与隋朝贵族一脉相承，甚至与东汉魏晋南北朝的士族一脉相承，真可谓铁打的贵族，流水的政权！

唐朝市场比故宫还大？

今天我们看北京故宫，72万多平方米（约1078亩）的占地面积、15万平方米的建筑面积以及各类殿宇房屋9000余间已经令人非常吃惊，差不多是全世界范围内现存的最大宫殿群。然而隋唐时代的市场却要比北京故宫还大得多。隋唐长安城有东、西两市，两市面积大体相当。经过文献记载和考古实测，西市南北长1031米（故宫961米），东西宽927米（故宫753米），占地面积约100平方米（1600亩），相当于当时长安城两个中等里坊的面积。这个巨大的市场有220多个行业、商铺4万多家。东市与西市大小相当，只是距离三大殿更近，客源比西市的达官显贵更多。

N